Hin zu dir

BOOKS on DEMAND

Sabine Brauer

Hin zu dir

Aus der Dunkelheit ins Licht

Bibliografische Information der Deutschen Nationalbibliothek:
Die Deutsche Nationalbibliothek verzeichnet diese Publikation in der Deutschen Nationalbibliografie; detaillierte bibliografische Daten sind im Internet über http://dnb.dnb.de abrufbar.

© 2016 Name des Autors/Rechteinhabers (**Sabine Brauer**)

Cover - Illustration: **Sabine Brauer**

Herausgeber: **Bernd Rosarius**

Herstellung und Verlag: BoD – Books on Demand, Norderstedt

ISBN: 978-3-8448-08369-1

Vorwort

Ich widme dieses Buch meinen Kindern Linda und Jan, die innerhalb eines Jahres von uns gingen. Ich danke meinem Herrgott, der unserer Familie in allen Lebensphasen immer zur Seite stand, auch wenn wir ihn oftmals nicht gleich bemerkten. Und dafür, dass er mir jetzt die Kraft gibt, dieses Buch in die Tat umzusetzen, um meine Glaubenserfahrungen dem werten Leser zugänglich zu machen. Möge es ihm zum Segen werden.

Ich bedanke mich herzlich bei dem Herausgeber Bernd Rosarius für seine tatkräftige Hilfe bei der Herstellung des Buches.

Sabine Brauer

So viele Seiten

So viele Seiten im Buch meines Lebens!
Angefüllt ist es mit Leid und mit Glück.
Keine Zeile war jemals vergebens.
Einmal noch blicke ich darauf zurück.

Möchte manche Seite gern ausradieren,
zu traurig ist die Erinnerung.
Andere wiederum gern kopieren,
doch wäre ich nicht gerne noch einmal jung!

Das Buch meines Lebens hat Eselsohren
und mancher kleine Tintenklecks lacht,
weil ich unachtsam ihn habe verloren -
was dieses Buch um so wertvoller macht.

Ich wünsche mir noch sehr viele Seiten,
gefüllt mit Frohsinn und Gelassenheit.
Möge der Herrgott meinen Federkiel leiten,
jetzt, immer und in Ewigkeit.

Ausruhen

In der Unendlichkeit der Natur,
Gott, ausruhen bei dir.
Stille Zeit in deinen Armen.
Bitten, beten, hören,
neue Hoffnung schöpfen für die Seele.

Königskinder

Es grünt des Lebens Hoffnungskeim,
wenn du kennst Jesus Christ,
der einst vom Himmel zu uns Menschen
herab gekommen ist.

Mit IHM können wir leben.
Durch IHN können wir sein.
Im Leben und im Sterben
lässt er uns nicht allein.

ER trägt uns hin zum Vater
in Gottes Königreich.
Dort sind wir Königskinder
und seinen Engeln gleich.

Das bist doch du

Ich möchte weitergeben,
was mich so tief berührt.
Möchte von dem erzählen,
der durch das Leben führt.
Wer schenkt mir die Gedanken
und wer berührt mein Herz?
Das bist doch du, Herr Jesus,
in Freude, wie in Schmerz.
Durch dich da kann ich leben
in der Vergänglichkeit.
Durch dich da darf ich bleiben
bei Gott, in Ewigkeit.

Ein Hilfeschrei

Ein Hilfeschrei erreichte mich gestern ganz unverhofft. Ich hatte Mitleid, hörte zu, war zutiefst betroffen, doch konnte ich den Schmerz in seinem Inneren nicht lindern. Ich war die falsche Adresse!....
Oder?
Vielleicht brauchte er jetzt gar keinen Rat, sondern nur jemanden, an den er sich eine kurze Zeit klammern konnte, damit er seine Angst, Wut und Nicht - Begreifen hinausschreien konnte. Ich ließ ihn gewähren und nach einiger Zeit und einer Tasse Tee wurde er ruhiger und ging. Er kennt nicht die Kraft, die von Oben in unsere Herzen dringt. Doch ich kenne sie. Weil das so ist, kann ich seine Not zum Himmel bringen, in die gütigen Hände Gottes.

Erfüllung

Menschen fangen an zu suchen
und die Sehnsucht wird entfacht.
Langsam öffnen sich die Herzen.
Tiefe Liebe ist erwacht.

Nicht die Liebe, die Geschlechter
ewig neu zusammenführt.
Liebe, die in Jesus gründet,
durch ihn das Menschenherz berührt.

Menschen fangen an zu reden.
Erzählen weiter, was geschah,
als Jesus sich aus Liebe hingab
für sie, am Kreuz von Golgatha.

Gottes Liebe die erfüllt sie
für den, der noch verloren ist.
Und sie fangen an zu bitten,
dass er findet Jesus Christ.

Christen geben und empfangen
Jesu Liebe täglich neu.
Schöpfen aus der ew´gen Quelle.
Wissen: „Unser Herr ist treu!"

Veränderungen

Ich fühle mich am besten, wenn alles seinen gewohnten Gang geht. Dann weiß ich, woran ich bin. Wenn ich nicht voraus planen kann, bin ich nicht zufrieden. Neues auszuprobieren ist nicht so mein Ding. Nein, lieber lass ich meine Finger davon. Nur keine Veränderungen!

Vor einigen Tagen schaute ich mir meinen Garten an und freute mich über die Blumenpracht. Die Blütenköpfe öffneten sich von Tag zu Tag weiter. Sie entwickelten sich wirklich sehr gut. Täglich kamen neue Blüten zum Vorschein, eine schöner als die andere.

Ich muss meine Einstellung überdenken. Das hat doch nicht Hand noch Fuß. Wenn in der Natur keine Veränderung vor sich geht, kann nichts wachsen. Wenn ich in meinem Leben keine Veränderung zulasse, bleibe ich auf den Stand eines Neugeborenen. Bleibe an der Milchflasche hängen. So soll es doch nicht sein!

Mit einem Mal wird mir klar; das Leben ist Veränderung. Mein Spiegelbild erzählt mir davon. Da schaut mir doch tatsächlich eine etwas faltige Frau entgegen. Ich ziehe mein Gesicht glatt, doch peng, lass ich es los, sind die Falten wieder sichtbar. Sie haben zu Recht dort ihren Platz. Die Jahre haben sie gezeichnet. Sie sagen mir: „Du bist längst keine Zwanzig mehr. Du darfst deine Wege etwas langsamer gehen. Schnell laufen musstest du lange genug.
Du darfst dir die Zeit nehmen, etwas Neues auszuprobieren! Und wenn es in die Hose geht? Dann kannst du darüber lachen und etwas anderes in Angriff nehmen."

Was ist denn das?

Bin ich es, die das denkt? Tatsächlich. Das habe ich wirklich gedacht. Und fühle etwas wie Befreiung in mir.

Danke mein Herr und Heiland, dass du mir die Erkenntnis gegeben hast. Und mit dir an meiner Seite kann mir doch nichts passieren, was du nicht willst. Du hältst mich bei der Hand und wenn ich falle, hebst du mich
wieder auf.

Petit fours

Ein Traum heute Nacht,
von kleinen Backwerken,
hat mich zum Lächeln gebracht.
Ich will ihn mir merken.

Köstliche Brote, mundgerecht,
wurden mir gereicht.
Sie waren locker und süß, echt.
Sie zu essen fiel mir leicht.

Der sie mir gab, war Jesus Christ.
Seine Worte „Petit fours".
ER das Brot des Lebens ist.
Für mich ein wahrer Hochgenuss.

Wie genoss ich diese Worte
voller Hoffnung, voller Glück.
Sie holten mich vom dunklen Orte
in Gottes Gegenwart zurück.

Habe Geduld

Habe Geduld,
wenn Sorge dich niederdrückt.
Habe Geduld, wenn dein Leben
ist aus den Fugen gerückt.

Habe Geduld mit der Nacht,
wenn sie gar endlos erscheint.
Habe Geduld mit den Tränen,
die du aus Liebe geweint.

In allen Nöten,
in allem Leid,
ist dein Herr
Jesus Christus nicht weit.

Geh ins Gebet
und glaube es mir,
gerade im Schmerz ist
dein Heiland bei dir.

Wenn dein Herze weint

Wenn dein Herze weint, durch ein Leid berührt
und sanft die Tränen durch das Auge führt,
lass es zu, wehre dich nicht,
wenn scheinbar auch das Herze dir bricht.

Wenn dein Herze weint, ist der Heiland hier.
Nimmt dich bei der Hand, gibt sie nicht mehr her.
Zärtlich, liebevoll er dich dann umfangen hält,
und beschützt dich vor allen Ängsten der Welt.

Wenn das Herze dir lacht, weil dein Heiland dir nah
und es fröhlich singt: " Jesus Halleluja!"
Lass es zu, tanze, springe dabei,
denn das Blut Jesu Christi, macht so froh dich und frei.

Freiheit

Kriechen ist der Menschheit Los?
Wie kommt man auf den Trichter bloß?

Aufrecht gehen, hüpfen, springen,
tanzen, frohe Lieder singen...

Und zur Krönung darf man, droben
unsern Herrn im Himmel loben.

Schaut zu ihm auf, er macht euch frei.
Ich hab´s erlebt und bleib dabei...

Die Mitte

Hab ich sie gefunden, die Mitte meines Seins
oder such ich noch vergeblich in allen Ecken,
Winkeln, durchforsche unermüdlich mein Inneres
mit Fleiß und meine, ich könnte sie entdecken?

Ist hier die Balance für mein Leben?
Ach nein, meine Mitte finde ich nicht in mir.
Du bist der Stab, an den ich mich binde.
Meine Mitte, mein Gott, finde ich nur in Dir.

Lebenslügen

Hinter dicken Mauern versteckst du dich
und hoffst, man sieht dein Innerstes nicht.
Denn würdest du dich den Menschen offenbaren,
würden sie fliehen, und das in Scharen.

Beruht dein Leben oft auf Lügen?
Musst du dich ständig selbst betrügen,
gibst deinem Leben falschen Schein,
aus Angst, du bleibst sonst ganz allein?

Das Leben ist mehr als Selbstbetrug,
lass die Mauern fort, sie tun dir nicht gut.
Was brauchst du Menschen, die dich nicht versteh´n
und nur ihren eigenen Vorteil sehn?

Sei stark und verschleiere nicht dein Gesicht,
halte dich an Jesus, dann lebst du im Licht.
Dein Lachen wird dann froh und frei ,
denn ER hält dir die Hand dabei.

IHN kannst du nicht schrecken.
Brauchst dich nicht verstecken.
Denn Jesus allein,
bleibt bei dir auch in Schmerzen und Pein.

Wenn mich der Mut verlässt

Was wollt ihr Sorgengeister? Quälen, erniedrigen, mich runter drücken und mir dann hämisch ins Gesicht lachen? Ihr wisst, wie viel auf meinen Schultern liegt. Das die Knie weich sind und fast den nächsten Schritt nicht wagen. Der Magen das Essen wieder auswirft, weil ihr ihn schüttelt und schnürt. Die Füße unsicher gehen, weil der Weg vor ihnen schlüpfrig geworden ist. Wo ist die Sicherheit? Wo der gewohnte Gang? Wo kann ich mich anlehnen, wenn andre sich nach meiner Schulter, nach meinem Trost sehnen? Wo ist die Kraft, die mir wieder neue Energie verschafft?

Aus der Bahn geworfen fühle ich mich, weil der Mensch, den ich am meisten liebe, so leiden muss. Es wird nie wieder so sein wie früher. Wird er je wieder seiner Arbeit nachgehen können? Werden wir uns gegenseitig aushalten, wenn der Alltag kommt? Er ist gewohnt zu MACHEN, nicht zu BITTEN!!! Er sagte immer was getan wird und packte selber tüchtig mit an. Jetzt muss er zusehen, wie andere für ihn die Sachen machen und muss sie BITTEN! Wie kommt er damit klar? Wenn wir uns gemeinsam unter euer Joch stellen, werden wir zugrunde gehen. Ich weiß, das wollt ihr Sorgengeister. Ganz klein und zittrig wollt ihr uns machen. Daran habt ihr euren Spaß!

Doch halt! Da machen wir nicht mit. Es gibt einen Weg und eine Wahrheit, die bringt uns Leben, auch wenn wir schwach und zittrig sind. Dieser Weg heißt Jesus Christus, unser Retter aus aller Not! Er gibt uns die Kraft zum Tragen. Er hilft uns aus der Verzweiflung.

Er hat uns als Mann und Frau zusammen geführt. Er wird unsre Ehe segnen. Er wird uns Ruhe und Frieden ins Herz geben. Auf ihn hoffen wir allein. Lob und Ehre sei dem Herrn, der uns nicht vergisst!

Du gibst mir Halt

Mein Leben geht nicht an dir vorbei,
ob Freude, Kummer, was es auch sei.
Dein Geist regiert in meinem Innern,
will sich um die Gedanken kümmern.

Gibt Stärke mir und Glaubenskraft,
die in mir wahre Wunder schafft.
Drum will ich auch zu allen Zeiten
von dir, mein Gott, mich leiten lassen.

Ist Jammern erlaubt?

Ich sorge mich, sie nimmt mich völlig gefangen.
Abends mein letzter Gedanke und morgens mein erster Gedanke
gelten der Sorge in mir. Klar habe ich gebetet, doch kraftlos
erschien es mir. Und wenn ich Gott dankte für den Tag, den er
mich bewahrt hat, dachte ich: Das ist doch Hohn, was ich hier
mache. Will Gott Lobhudelei?
Ich höre von anderen, ich solle den Lob an den Anfang des
Gebetes stellen. Doch mir ist nicht danach. Mir ist zum Heulen
und die Angst um einen geliebten Menschen raubt mir den
letzten Nerv. Jetzt loben?
Nein, das kann Gott nicht von mir verlangen und ich wehre mich
auch dagegen. Er weiß ja, wie ich mich fühle. Er kennt mein
Innerstes genau. Weshalb sollte ich mich vor ihm verstellen?

Und so klage ich ihm mein Leid. Weine mich aus und lasse alles
heraus, was mich quält. Nach einer Weile wird aus dem: „O Gott,
was soll ich nur machen?", ein: „Gott, was kannst du denn tun?"

Ganz allmählich werde ich ruhiger und übergebe den Menschen
meinem Vater im Himmel und vertraue darauf, dass er den
Durchblick hat. Er schaut über den Tellerrand hinweg.
Wie selbstverständlich wird aus dem Klagegebet ein Lobgesang,
den ich voller Inbrunst anstimmen kann. Die Sorge ist noch da,
doch jetzt liegt sie in Gottes Händen.

Du darfst in Gottes Glückstopf greifen

Du darfst in Gottes Glückstopf greifen, er ist voller Segen.
Der Vater hat ihn dir zur Verfügung gestellt.

Was muss man für ein Leben führen. um solch einen Ausspruch zu tun?
Immer fröhlich, alle Tage Sonnenschein? Keine Sorgen, keine Ängste?
Eine glückliche Familie und natürlich Gesundheit? Weil, Hauptsache gesund. Kinder, die überdurchschnittlich gut in der Schule sind und eine Klasse überspringen? Ordentlich Knete in den Taschen und einen super Arbeitsplatz? Ist mit diesem Spruch dies gemeint, wenn ich in den Glückstopf Gottes greife?

Ich habe diesen Spruch geschrieben nach einer Krankheit, die mich fertigmachte. Trauer um meine verstorbenen Kinder, Sorgen um den geliebten Ehemann und in der Familie, und doch weiß ich, wenn ich Gott in mein Leben hinein lasse, sind auch für mich die dunklen Stunden voller Hoffnung. Weil ich weiß, Gott ist größer als alles, was mich quält. Und dies durfte ich wieder einmal erfahren.
Gott führt und leitet uns, wenn wir unser ganzes Vertrauen auf ihn setzen. Er hat Hindernisse aus dem Weg geräumt, die unüberwindbar schienen. Plötzlich zerplatzen sie wie eine Seifenblase. Die Familie konnte wieder durchatmen.

Meine Kinder sind nicht zurück zu bekommen. Doch weiß ich sie bei Gott geborgen, weil sie ihr Leben Jesus Christus übergeben hatten. Sie haben Erbrecht im Himmel. Mein Mann ist immer noch krank, doch hat er sehr schnell einen Facharzttermin bekommen. Eine große Hoffnung ist in uns allen. Gott hat uns in den Glückstopf greifen lassen.

Dank sei ihm dafür.

Mir geht 's gut

Hach, geht´s mir heute gut. Ich freue mich, zu einer Gemeinde zu gehören, in dem so liebe Menschen werkeln. Am liebsten würde ich euch alle mal so richtig in den Arm nehmen und tüchtig knuddeln. Es ist einfach schön, auf dieser Welt zu sein und das Gute in den Menschen zu sehen, und nicht nur auf Probleme zu starren. Es gibt so viel, wofür ich Gott danken kann.
Ich habe mir gestern ein wenig die Oberschenkel verbrannt.
Das bedeutet,
ich habe heißes Wasser in der Wärmflasche gehabt.
Das bedeutet,
mein Wasserkocher funktioniert noch.
Das bedeutet,
mir wurde der Strom nicht abgeschaltet.
Das bedeutet,
ich kann auch heizen.
Das bedeutet,
ich habe eine Wohnung.
Das bedeutet,
ich kann Gäste empfangen.
Das bedeutet,
ich darf sie mit Essen und Trinken verwöhnen.
Das bedeutet,
ich habe Freunde.
Das bedeutet,
ich habe Gesprächspartner.
Das bedeutet,
ich leide nicht an Einsamkeit.
Mal ehrlich, dafür kann man sich schon ein wenig die Oberschenkel verbrennen, nicht wahr?

Sturmstillung

Vor einigen Jahren war ein schweres Unwetter mit Gewitter, dass man denken konnte, (viele im Ort haben es getan), die Welt geht unter.
Ich, ganz alleine zu Hause, verkroch mich unter die Bettdecke.
Doch dann sagte ich zu Gott: "Du hast dieses Unwetter über mich herein brechen lassen, du kannst mich auch bewahren".
Dann fing ich an, Loblieder zu singen. Die Angst verflog, und ein tiefer Friede und eine dankbare Freude kehrten in mein Herz zurück.
Ich sang immer weiter und plötzlich war es still. Der Sturm hatte sich gelegt. Meinem Haus war nichts geschehen. Ich hatte wieder mal erfahren, mein Gott ist da in jeder Lebenslage.

HERR, behüte meinen Mund

Wie grausam...
kann der Mund wohl sein,
kommen Worte raus, die so gemein,
die garstig sind und dich verletzen
und dir den Todesstoß versetzen.

Wie schön ist...
ein Mund, der Wahrheit spricht,
der lächelt in dein Angesicht,
der dich mit einem Kuss verwöhnt
und wenn es Streit gab, sich versöhnt.

Der Mund...
er kann auch herzhaft lachen
und anderen viel Freude machen,
er kann sehr warme Worte wählen,
vom Evangelium erzählen.

Drum überlass...
den Mund dem Herrn,
er füllt ihn dir mit Worten gern,
die andern Halt und Hoffnung geben,
mit seinen Worten kannst du leben.

Melde dich ...

Kannst du dich noch an die Werbung der Bundespost erinnern?
"Schreib mal wieder", hieß es da.
Wenn ich so überlege, muss ich der Werbung recht geben.

Es ist schön, dass es das Telefon gibt. Ich kann schnell jemanden
anrufen, wenn ich etwas auf dem Herzen habe. Doch manchmal
passiert es mitten in einem Gespräch, welches Aufmerksamkeit
verlangt, dass ich abgelenkt werde. Der Gesprächspartner hat
keine Zeit und hört mir nicht richtig zu. Oftmals lege ich dann
den Hörer auf und denke: "Worüber haben wir eigentlich
gesprochen?"

Wie viel besser habe ich es da als Briefschreiber. Wenn ich einem
lieben Menschen eine Freude machen will, kann ich meiner
Kreativität freien Lauf lassen. Zum Beispiel ein schönes Bild auf
das Briefpapier malen, es mit getrockneten Blümchen verzieren,
oder auf dem Computer einen ganz besonderen Brief kreieren. In
einer ruhigen Stunde setze ich mich hin und berichte, was mich
bewegt. Ich kann meine Gedanken ausleben, da mir keiner
dazwischen redet. Ich stelle die Geduld des Empfängers nicht auf
die Probe. Denn der kann den Brief, wenn nötig, beiseitelegen
und ihn zur rechten Zeit wieder hervor holen. Das Gespräch wird
nicht abgebrochen.

Ein schöner Brief, von jemandem geschrieben, der einem etwas
bedeutet, kann auch nach vielen Jahren noch Trost und Freude
schenken. Vielleicht ist es eine Überlegung wert, wenn man mal
schnell wieder zum Telefonhörer greift.

Auch unser himmlischer Vater hielt viel vom Briefe schreiben. In der Bibel hat er alles festgehalten, was er dir zu sagen hat. Dort berichtet er, wie sehr er dich liebt. Du kannst es nachlesen, wie der Sohn Gottes für deine Sünden leiden musste, damit du errettet werden kannst. Er starb den Sühnetod am Kreuz, damit du nicht von Gott getrennt lebst. Und wenn du mit unserem Vater verbunden sein möchten, dann darfst du ihn auch anrufen.

In seinem Brief da steht es im Psalm 50, lies Vers 15

Dazu brauchst du kein Telefon und kein Handy. Falte nur deine Hände zum Gebet, dann wirst du nicht falsch verbunden sein. Es kostet dich keinen Cent. Das Wichtigste jedoch ist, Gott lässt sich nicht ablenken, wenn du mit IHM redest. Er verschiebt den Anruf nicht auf später.

Also: "Rufe IHN doch mal an!"

Eine Gebetserhörung

Seit Tagen Rückenschmerzen und heute muss ich arbeiten. Wie gehe ich dagegen an. Schwere Möbelstücke rücken. Decken wischen und so weiter. Am Morgen in der Stille, klage ich Jesus mein Leid. Ich bitte ihn um Hilfe.
Dann nehme ich die Losung und lese Psalm 27,1 und 1. Korinther 7,23
Ich lese und werde froh. Gott gibt mir die Zusage, mir bei zustehen und ich glaube fest daran.

Als meine Chefin hört, dass ich einen schlimmen Rücken habe, übernimmt sie die Arbeiten, die mir am schwersten fallen. Doch damit nicht genug. Als ich das Wohnzimmer saugen will, wo die schweren Möbel stehen, vor denen ich mich zuvor so gefürchtet habe, sagt sie: "Dort brauchst heute nicht saugen. Irgendwie hat die Katze es gestern geschafft, mit ganz schrecklich dreckigen Pfoten in die Stube zu kommen. Sie hat den ganzen Teppich versaut. Da habe ich abends noch gesaugt, weil mein Mann mit dem Dampfreiniger die Flecken entfernen wollte."

Ich kann nur denken: "Danke, lieber Vater, du hast gestern schon vorgesorgt, dass ich mich heute nicht übernehme. Doch dass du Schröders Katze dazu gebrauchen würdest, das hätte ich mir in den kühnsten Träumen nicht ausgemalt!" Ich habe es doch gewusst, dass Jesus mein Licht und Heil ist. Mit ihm brauche ich mich nicht zu fürchten.

Der Stein

Flacher wie ein Ei, aber nicht größer. Grau, unscheinbar. Würde er unter vielen anderen liegen, ich hätte ihn übersehen. Doch dieser Stein ist anders als alle anderen vor ihm. Wie alt mag er sein? Ich kann es nicht sagen. Nehme ich ihn in die Hand, fühle ich eine angenehme Kühle. Meine Finger gleiten über die Oberfläche und ich spüre viele Unebenheiten.

Interessiert schaue ich ihn mir genauer an. Grau? Unscheinbar? Nein, wunderbar! Eine Schöpfung Gottes! Wie viele Farbschattierungen er hat! Wie viele Adern! Für mikroskopisch kleine Lebewesen ein Fels mit vielen Schlupfmöglichkeiten. Mit Straßen und Wegen. Ein Zufluchtsort. Wird er von der Sonne bestrahlt, ist er von Wärme durchdrungen.

Ich denke an mein Herz. Wenn es das Leid dieser Welt wahrnimmt und Mitgefühl zeigt, wird es mit Wärme gefüllt.

Kälte durchdringt meine Finger. Ist mein Herz nicht auch manchmal kalt wie ein Stein? Die Kälte durchdringt mein Denken und Fühlen. Meine Persönlichkeit verändert sich. Selbstsucht und Egoismus beherrschen mich, wenn ich diese Kälte zulasse. Ich werde zum Alptraum meiner Mitmenschen.

So viele Narben. Was hat ihn so geformt? War er immer ein Stein, oder ist er aus vielen Einzelteilen zusammengesetzt?

Ich vergleiche ihn mit meinem Leben. Auch mein Leben wurde geformt, und es gab Narben.

Manchmal fühle ich mich grau und unscheinbar, aber bei genauerem Hinsehen bin ich für manchen Menschen ein Zufluchtsort, wo er zur Ruhe kommen kann.

Ein anderer bekommt meine Kälte zu spüren. Auch ich gehe nicht alleine durch das Leben. Viele Menschen sind darin eingebunden, sei es in der Familie, in der Gemeinde, im Beruf.

Ich bin ein winziger Teil des Staates und würde man mich gewaltsam entfernen, würde eine Lücke entstehen. Eine Narbe im Weltgeschehen. Kaum wahrnehmbar und doch vorhanden.

Jesus Christus. Bespuckt, verhöhnt, ausgepeitscht, bis auf das Blut gequält! Jede unserer Sünden, eine Narbe auf seinem Körper. Jeder Peitschenhieb ein Schlag unserer Verachtung. Die Spucke auf seinem Gesicht, Ausdruck unserer Gemeinheit. Und doch..., er schrie: "Vater, vergib ihnen, denn sie wissen nicht, was sie tun!" Er hat sein Leben für uns gegeben. Aus Liebe!

Gott, der Vater von Jesus, hat aus Liebe zu uns, seinen Sohn am Kreuz geopfert, damit wir Gemeinschaft mit ihm haben können. Jesus ist qualvoll am Kreuz gestorben und wurde am dritten Tage von den Toten, von Gott, unserem Vater auferweckt, damit wir ewiges Leben bei ihm haben. Er hat dem Tode die Macht genommen. Jesus Christus ist der Fels, bei dem wir uns bergen können.

Er war der Stein des Anstoßes, doch nur durch ihn können wir gerettet werden. Auch dir gilt dieses Angebot. Lass dich erwärmen, von seiner Liebe.

So wie dieser Stein in meiner Hand, bin auch ich wunderbar gemacht. Eine Schöpfung Gottes.

Wenn ich das von Herzen bejahe, wird Jesus in mein Herz einziehen und es erwärmen, die Wunden verbinden und mir helfen, mit den Narben zu leben. Er wird mein Herz mit Liebe und Mitgefühl für meinen Nächsten füllen. Dann werde ich ein Glied an seinem Leibe sein. Untrennbar mit ihm verbunden.

Jesus ist als warmes Licht in diese dunkle Welt gekommen, um uns von allem Leid zu befreien. Der Stein, den die Bauherren verworfen hatten, ist zum Eckstein unseres Glaubens geworden.

Dem Tode die Macht genommen

Kleine Raupe (Gleichnis)

Kleine Raupe Kann-nicht-mehr,
du fühlst dich alt und schlapp,
und doch mühst du dich Tag für Tag
mit deinen Lasten ab.

Bis eines Tages nichts mehr geht
und du dich still ergibst,
und Abschied nimmst von allen hier,
die du so sehr liebst.

In einer starren Hülle,
da liegst du eingehüllt,
bis endlich eines Tages sich,
dein größter Wunsch erfüllt.
Da öffnet dein Kokon sich dann,
du steigst daraus hervor,
als wunderbarer Schmetterling,
so schön wie nie zuvor.

Meine Gedanken zu diesem Gedicht:

Die Raupe steht für das Ende unseres christlichen Lebens mit all seinen Lasten und Kümmernissen. Bis zuletzt tut sie treu ihre Pflicht, bis die Kräfte dazu einfach nicht mehr ausreichen. Der Mensch stellt sich innerlich auf das Sterben ein. Er kann loslassen und Abschied nehmen, weil er sich in Gott geborgen weiß.

Die starre Hülle ist Sinnbild des Todes und des Grabes. Das ermutigende hierbei ist, dass für einen Menschen, der sich in seinem irdischen Leben für Christus entschieden hat, nun nicht alles zu Ende ist. Im Gegenteil, jetzt fängt für ihn das ewige Leben in Gottes Nähe an.

Jesus hat uns versprochen, uns vom Tode zu erwecken.

Der Kokon öffnet sich. Das Bild für die Auferstehung. Der Heiland hat uns von aller Schuld freigesprochen durch seinen Sühnetod am Kreuz von Golgatha. Er ist unser Retter und Fürsprecher bei seinem himmlischen Vater.

In einem neuen Körper ohne Makel, darf der Mensch von nun an in Ewigkeit bei Gott leben.

Alles muss rein sein

Am Morgen springe ich frohgemut aus dem Bett. Im Kopf lege ich schon den Tagesablauf fest. Da schönes Wetter ist, könnte ich eigentlich in den Garten gehen und alles mal wieder durch hacken. Es ist zwar erst Anfang März, doch bei den Temperaturen sehne ich mich nach Sonne und frischer Luft. Doch dann geschieht etwas Merkwürdiges mit mir, was ich mir nicht erklären kann. Ich will gerade das Teewasser aufsetzen, da geht mir durch den Kopf: "Mache zuerst deine Andacht." Achselzuckend nehme ich mir meine Bibel und die Losungen und beginne zu lesen.

Als ich kurz darauf den Frühstückstisch decke, beschleicht mich ein komisches Gefühl. Es ist mir, als ob jemand sagt: "Stelle zwei Tassen auf den Tisch. Du bekommst Besuch."

Während ich jetzt das Teewasser aufsetze, geht mir durch den Sinn: "Alles muss rein sein." In den nächsten zweieinhalb Stunden mache ich, wie unter Zwang, sauber und beziehe die Betten frisch. Es ist, als ob mir genau gesagt wird, was zu tun ist.

Mittlerweile ist es fast 12 Uhr und ich meine, mein Gast müsse wohl zum Mittagessen kommen. Dann wieder dieser Gedanke: "Du musst rein sein, geh duschen!" Meine neuen Kleider muss ich anziehen, weil alles rein sein muss, wenn mein Gast kommt. Ich mache mir Gedanken darüber, wen ich wohl zu erwarten habe, und weshalb muss alles so sauber sein? Fragen, auf die ich keine Antwort habe. Doch ich bin gewiss, dass ich im Auftrag Gottes handle.

Um 12 Uhr und zwanzig Minuten bekomme ich einen neuen Befehl: "Nun mache Tee. Setze frisches Wasser auf! Alles muss rein sein!" Mir ist jetzt richtig mulmig zumute.

Ich muss mein alltägliches Geschirr und Besteck durch das beste, was ich besitze, ersetzen. Servietten und ein Trockengesteck werden gewünscht. Sogar meinen Tee in Beuteln, den ich normalerweise trinke, darf ich nicht nehmen, es muss loser Tee sein!

Will Gott mich prüfen, ob ich gehorche, wenn er etwas wünscht? Egal wie verrückt es mir vorkommt. Ich kann keinen Sinn darin sehen, doch hüte ich mich, ungehorsam zu sein.

Endlich scheint der große Moment da zu sein. Ich schenke mir schwarzen Tee ein, ohne Milch und Zucker. Die zweite Tasse nur halbvoll, mit Kandis und etwas Sahne, wie es sich gehört. Dann setze ich mich und frage: "Gott, wer kommt denn zu Besuch?"

"ICH", ist die schlichte Antwort.

Atemlos bete ich: "Komm, Herr Jesus, sei mein Gast, und segne, was du mir aus Gnaden beschert hast."

Beim ersten Bissen Brot, den ich in den Mund stecke, höre ich: "Mein Leib, für dich gegeben" und beim Tee:" Mein Blut, für dich vergossen." Ich nehme die zweite Tasse und trinke andächtig den Tee mit Sahne und Kandis und höre die Stimme: "Mein Kreuz ist süß". Fassungslos fange ich zu weinen an. Ich fühle mich so gering. Wie kann GOTT zu mir kommen? Ich bin doch nicht wert, dass er sich zu mir an den Tisch setzt. Ich fühle mich schuldig. Am liebsten würde ich jetzt sagen: "Geh weg, du bist zu gut für mich. Ich halte deine Gegenwart nicht aus!" Doch dann wird mir vor Augen geführt, dass Jesus für mich schon alle Schuld, am Kreuz von Golgatha, beglichen hat. Nun bin ich auch innerlich rein. Nun ist alles an mir rein.

Ich bin erschrocken, glücklich und traurig. Alles auf einmal. Ich kann noch gar nicht fassen, was da mit mir geschehen ist. Die Tür zu Gott ist sperrangelweit offen. Ungehindert kann ich zu ihm gehen und ihm mein Leben neu anvertrauen. Erst jetzt begreife ich umfassend, warum alles rein sein musste. Deshalb war das Beste gerade gut genug. Jesus selbst war heute mein Gast! So sehr liebt er mich!

Der Auftrag

Als sie erwacht, durchströmt Gertrude ein Glücksgefühl.
Sie faltet die Hände und fragt: "Lieber Gott, was hast du heute mit mir vor?" "Stah up!" fährt es ihr durch den Sinn.
"Na", denkt die junge Frau: "sei mal still, ich muss erst in Ruhe mit Gott reden." Gertrude hält in Gedanken immer Zwiesprache, das ist nichts besonderes. Die junge Frau fängt von vorne an: "Sag, was hast du heute für mich zu tun?" Sie betet immer auf hochdeutsch zu Gott. Eigentlich komisch, weil ihre Muttersprache Plattdeutsch ist.
"Seh to, dat du ut dien Bett ruut kummst!" schießt es ihr auf plattdeutsch durch die Glieder.

Lachend erhebt sie sich und geht zu ihrem Mann ins Wohnzimmer. "Ich glaube, Gott hat mich aus dem Bett geschmissen.", grinst sie ihren Liebsten an: "Mal sehen, was der mit mir vorhat," und verschwindet ins Bad.
Beim Haare waschen geht es ihr durch den Kopf: "Ruf Anita an!" Was soll das denn schon wieder? "Ruf sofort Anita an!" wird die Stimme in ihr schon herrischer.
"Ich werde mir doch wohl noch die Haare abtrocknen dürfen, oder?" antwortet sie schnippisch. Wieder diese Stimme: "Kannst du nicht einfach tun, was ich dir sage? Das musst du noch lernen!" Der die Worte zu ihr spricht, ist jetzt richtig ärgerlich. Und Gertrude auch!
Sie schielt ihre Zahnbürste an, wagt aber nicht, sie in die Hand zu nehmen.
Ein starker innerer Drang treibt sie zum Telefon. "Anita wird mich auslachen.", denkt sie: "Die Frau hat ja noch fast nie ein

persönliches Wort mit mir gewechselt. Was soll das bloß alles?"

"Hallo Anita, hier ist Gertrude Reneberg, Sag mal, ist alles in Ordnung bei dir? Ich hab so´n komisches Gefühl, als wenn ich dich anrufen muss."
Kurze Zeit Stille, dann eine verzagte dünne Stimme:
"Nein, es geht mir gar nicht gut. Bitte komm! Ich halte es nicht mehr aus.
Auf Knien habe ich Jesus gerade angefleht, er soll mir jemand schicken, der mir beisteht. Ich kann nicht mehr! Bitte komm, sonst..."

Die junge Frau legt den Hörer auf. Tränen laufen ihr über die Wangen. So war es doch Gott, der mit ihr redete und sie hat sich schon insgeheim eine Närrin gescholten. So schnell sie kann, macht sie sich auf den Weg.

Anita sagt, es sei eine Gebetserhörung gewesen. Niemals wäre ihr in den Sinn gekommen, das Gott ausgerechnet Gertrude schickt, mit der sie ja privat überhaupt keinen Kontakt hat. Beide Frauen sind ergriffen über Gottes wunderbare Führung. Lange sitzen sie zusammen und reden.
Bevor Gertrude nach Hause geht, nimmt Anita sie herzlich in den Arm und sagt:
"Du hast mir viel Kraft gegeben. Ich danke dir." Die so Angesprochene weiß sehr wohl, von wem diese Kraft kommt. Gott hat durch sie gewirkt! Was wäre gewesen, hätte sie nicht auf Gottes Stimme gehört? Hätte Anita ihrem Leid ein Ende gemacht?
Eine verpasste Gelegenheit, nie wieder gut zu machen. O, das wir seine Stimme hören und folgen seinen Weisungen. Amen.

Depressiv

Es gibt eine Art von Traurigkeit,
sie ist wie ein Schutz vor der Welt
.Es ist ein Gefühl der Sehnsucht,
die keiner auf Erden je stillt.

Man denkt, im Tod müsse Erfüllung sein.
Die Seele hätte dann Ruh
.Und mit der letzten Schaufel Erde
auf dem Sarg, deckt man alle Wunden zu.

Während ich schreibe, kommen die Tränen.
Ich habe in mir ein unendliches Sehnen
nach einem, der aus dieser Tiefe mich reißt
und dann den ewigen Frieden verheißt.

Ich sehe die Hand meines Heilands nicht mehr.
In mir ist es dunkel und unheimlich leer.
Herr Jesus, hol mich aus dieser Tiefe heraus.
Ich finde den Weg allein nicht nach Haus!

Ich geh in die Irre und verliere den Mut.
Herr Jesus, errett mich und alles wird gut.

Weg aus der Schwermut

Einer nimmt den Regen fort,
tief aus deinem Innern.
Sieh den Regenbogen dort
in den Wolken schimmern.

Einer ist´s , der dich jetzt hält.
Du bist nicht allein.
Auch wenn du es noch nicht spürst,
er will bei dir sein.

Denk´ doch an die Spur´n im Sand,
kannst Vertrauen wagen.
Wo nur eine Spur im Sand,
hat er auch dich getragen.

Inspiriert durch das Gedicht >Spuren im Sand<
von Margaret Fishback Powers

Fürbittengebet

Lieber Vater im Himmel,
durch Jesus Christus unseren Herrn, bitten wir dich , dass unsere Kirchen und Gemeinden ein Ort der Besinnung und Freude in dir bleiben.
Dir befehlen wir die Ehen und Familien an.
Gib ihnen Gelassenheit im Umgang miteinander und schenke du Vergebung, wo sie aneinander schuldig geworden sind.

Sei du auch in den Schulen und Universitäten. Dort herrscht oftmals viel Gewalt. Gib den Lehrern Halt und Kraft im Umgang mit ihren Schutzbefohlenen. Bitte hilf, dass an den Schulen der christliche Glaube wieder vermehrt gelehrt wird.

Wir möchten dir die Kinder anbefehlen. Schenke doch, dass ihnen von dir erzählt wird, damit sie früh lernen, dass du auch ihr Heiland und Retter sein willst und sie dich lieb gewinnen.

Auch wollen wir die nicht vergessen, die schweres Leid erleben. Sei es durch Krankheit, Tod oder Einsamkeit. Stelle du ihnen Menschen zur Seite, die sich ihrer in Liebe und Fürsorge annehmen.

Herr, nimm dich der Menschen in Politik und Wirtschaft an, dass nicht Profitgier ihr Handel bestimmt, sondern die Sorge um das Wohlergehen unseres Volkes.
Sei du bei den Menschen, die um ihres Glaubens Willen verfolgt und gefoltert werden. Erbarme dich ihrer.
Es herrscht immer noch Krieg in vielen Teilen der Welt. Gib du

den Menschen Frieden und neue Hoffnung für die Zukunft ihres Landes.

Du bist der Gott der hilft und dafür danken wir dir von Herzen. Amen

Was ist Leben?

Es ist Mühe und Plage,
ist Sorge und Streben,
ist Liebe und Leid.
Mich stellt sich die Frage:
Lohnt sich das Leben,
wie teile ich ein meine Zeit?

Habe ich Erbarmen
mit all unseren Armen,
kann ich die Menschen verstehen?
Will ich Grausamkeiten sehen,
die um mich geschehen,
oder werde ich blind?

So leer ist mein Leben ,
kann den Frieden nicht geben,
den ich selber nicht habe.
Bin zu bequem um zu sehen
wie andere frieren,
sich selber verlieren.

Sag, wo ist meine Liebe,
wo der innere Friede?
Fühl mich nicht wohl in der Haut.
Vor mir selber mir graut!
War umsonst ich auf Erden?
Wird es nie anders werden?

Dieses Gedicht schrieb ich in
einer tief depressiven Phase.

Er wollte heimwärts gehen

Er wollte heimwärts gehen,
zu schwer das Erden-Los.
So sehr hat er gelitten,
nun lasst auch ihr ihn los.

Er bat: Ich will nach Hause."
So leben ging nicht mehr.
Er konnte nicht mehr sprechen,
das Atmen fiel so schwer.

Bewahrt sein Bild im Herzen,
die Liebe bleibt bestehen.
Vielleicht werdet im Jenseits, ihr
ihn einmal wiedersehen.

Krebs

Unbemerkt schleicht er sich ein,
bald wird er hier der Herrscher sein!
Metastasen breiten sich aus.
Seine Minister im neuen Haus.

Alles Gesunde wird zerstört,
weil es zu seinen Feinden gehört.
Gierig ist er darauf versessen,
den Körper langsam aufzufressen.

Kein Organ hat mehr Bestand,
er hat es fest in seiner Hand.
Voller Wollust will er quälen,
wonnevoll die Schreie zählen.

Genießerisch will er zerbeißen,
treten, auseinanderreißen,
bis der Atem nicht mehr geht,
und das Herz dann stille steht.

Er gibt mir keine Gnadenfrist,
doch ich geh hin zu Jesus Christ
Bei ihm werde ich nicht verderben!
Sei es im Leben oder Sterben.

Abgetaucht

Tiefer und tiefer hinab auf den Grund.
Träume ertrinken, das Herz ist so wund.
All meine Sehnsucht sie zieht mich hinab.
Dieses Wasser wird sein mir ein trostkühles Grab.

Tiefer und tiefer hinab auf den Grund
zerstört ist mein Leben, die Seele so wund.
All meine Wünsche, sie zieh´n mich hinab.
Dieses Wasser wird sein mir ein trostkühles Grab.

Trauer umfängt mich,
so dunkel die Nacht.
Verlier die Besinnung ...
... der Teufel, er lacht.

Ich gehe heim

Der Tod klopft heute an mein Haus,
ich lasse ihn ein, reiße nicht aus.
Fortlaufen hat doch keinen Sinn,
weil ich in Gottes Händen bin.

Ich bin ängstlich und verzagt,
weil tief drinnen Zweifel nagt,
falte die Hände zum Gebet.
Im Himmel Jesus für mich fleht.

Jetzt wird es Zeit, dass ich dran denk´
das Leben auf Erden war ein Geschenk.
Die Erdenzeit ist nun zu Ende!
Ich leg´ es zurück in Gottes Hände.

Höre auf Jesus und sein Wort!
Der Herr nimmt alle Ängste fort.
Trägt mich ins strahlende Licht hinein.
Nun darf ich für ewig bei Ihm sein.

Der Kreislauf des Lebens

Begraben
unter einem Meer von Blüten
so wird gezeigt, du warst geliebt.
Dein Körper,
er muss jetzt vergehen,
doch Nahrung
er den Pflanzen gibt.
Zarte Triebe sprießen wieder,
Schmetterlinge tummeln sich.
Ich hör
der Vögel frohe Lieder
und langsam sich
der Kreislauf schließt.

Im Leben danach

Im Leben danach
im himmlischen Haus,
da ruht das müde
Herz sich aus.
Nur Liebe ist
in dieser Welt.
Wohl dem,
der darin Einzug hält.

Abschied von der Großmutter

Auf Wiedersehen, alte Frau.
Hier kannst du nicht mehr leben.
Für dich gibts einen andren Ort,
dort wird es Frieden geben.

Da gibt es keine Schmerzen!
Die Qual ist jetzt vorbei.
Du bist ans Ziel gekommen
und endlich wieder frei!

Wir sagen trauernd Dankeschön.
Du warst für uns ein Segen.
In unsren Herzen bleibst du hier,
dort wird´s den Tod nicht geben!

Leb wohl, du liebe alte Frau,
wir werden dich vermissen.
Der Herrgott nimmt sich deiner an.
Das wird uns trösten müssen.

Nun ruhe sanft, geliebtes Herz,
auf deiner letzten Reise.
Wir danken Gott, dass es dich gab.
IHM sei Lob, Ehr und Preise!

Oma ist gestorben

"Ich weiß,
dass Omas Seele bei Gott geborgen ist.
Er hat sie gut verwahrt, aber ich
habe auch das Vergängliche
an ihr so sehr lieb gehabt.

Ich vermisse ihr Lächeln,
dass sie für mich hatte, ihr Gesicht.
Ihre Wangen fühlten sich so weich an.
Ihre Nähe und ihre Wärme.

Der Druck ihrer Hände,
die mich so liebevoll hielten.
Ihre Geschichten.
Das alles habe ich verloren
und es macht mich traurig.
Das kommt nie wieder.

Der Tod

Es schleicht auf leisen Sohlen,
der Tod durch unser Haus.
Reißt einfach unerbittlich
ein liebend Herz heraus.

Ihn stören nicht die Schmerzen,
er freut sich an der Qual.
Wir müssen drein uns fügen,
uns bleibt ja keine Wahl.

Die Sünd hat uns verdorben,
von Anbeginn der Zeit.
Bald wird der Tod uns holen,
der Tag ist nicht mehr weit!

Wir hoffen auf den Herren,
dass er uns dann vergibt.
Er ist für uns gestorben,
weil er uns so sehr liebt!

Herr Jesus Christus, bitte,
nimm unsre Seelen an,
weil ohne Deine Gnade
kein Mensch bestehen kann!

Wie ist Trauer?

So zahlreich die Menschen, so die Trauer.
Empfindungen lassen sich nicht kopieren.
Es gibt kein: SO IST TRAUER.
Keine Normen.
Schubladen müssen entrümpelt werden,
verstaubte Ansichten, nicht für mich.
Muss lernen, Trauer zu gönnen,
wie sie empfunden wird.
Meine Einstellung, nicht die ihre.
Meine Glaubenskraft kennen sie nicht.
HERR, gib Weisheit und Worte für sie.
Amen

Wozu?

Fast erfroren,
eiskalt mein Herz.
Und doch, es schlägt noch!
Wozu?

WOZU?" frage ich mich
und denk an dich und dich!
Fühle mich hier allein.
Möchte bei euch Beiden sein.

„Darum!" sagt das Herz,
„überwinde deinen Schmerz!
Die andern leben noch,
sie brauchen dich jetzt doch!"

Trauergebet

Es ist alles gesagt,
doch... ich möchte die
Worte neu kleiden, ihnen
ein Gewand geben in dem
sie himmelwärts streben, in
den Kelch der Gebete fallen,
wenn ich kann nur noch lallen
und erhört werden
von dem
Schöpfer
des Himmels
und der Erden.

Schenke mir Mut

...ich zu sein
mit Empfindungen,
grummeln im Bauch,
Watte im Hirn,
trockenen Augen;
...zu lachen,
wenn mir danach ist,
zu heulen,
wenn das Herz
sie vermisst;

...zu schlafen
mitten am Tag.
Nachts zu wachen,
wenn Kummer
so nagt.

Schenke mir Mut
dich zu
bekennen.
Deine Gnade mit
Namen
zu nennen

Schenke mir Augen
für die, die
noch da
und minder Verlangen,
nach der, die
mal war.

Kindertraum

Die Mama, sie war bei mir heut.
Oma, ich hab mich so sehr gefreut.
Sie erzählte vom Himmel, wie schön es dort ist.
Zu leben im Lichte vom HERRN Jesus Christ.

Opa Erich, er zog vor drei Jahren schon ein
und Mama darf jetzt bei ihm sein.
Ich fragte sie: Mama, wie sieht es dort aus?
Gibt es im Himmel für dich auch ein Haus?

Sie meinte, dass es eine herrliche Villa wär,
mit sehr vielen Zimmern um sie her.
Und wenn wir einst kommen, sind wir nicht allein.
Dann werden Maike und ich ewig bei ihr sein.

Lebe wohl, mein Kind

Ich steh an deinem Sarg, mein Kind.
Eine weiße Decke
voll mit frischen Nelkensträußchen,
darüber dein blauer Pullover
den du so gern trugst.

Dein Gesicht fremd, so vertraut
doch gelb deine Haut.
Milena wispert: „Eine Wachsfigur!
Wo ist unsere Mama nur?
Wir müssen sie finden!"

Mein Blick geht weiter.
Der Mund so verschmitzt,
als ob ein lustiges Lächeln dort sitzt.
Fasse deine Hand,
erschrecke, so kalt,
eingefroren wirkt sie bald.

Der Körper so hart.
Alles Weiche ist fort,
mein Engel,
lägst du nicht dort.
Ich gönne dir die Ruh.
Nehme Abschied von dir,
der Schmerz ist so groß
küsse sanft deine Wange.

Jetzt lass ich dich los!

Tröstlich

Im Traum heute Nacht
hab´ ich die Mama gesehn.
Sie hat gelächelt,
war wunderschön.
Sie hat mich gedrückt,
war so kuschelig warm.
Ich erwachte ...
und hatte
mein Pferdchen im Arm.

Die Schwester

Leichenblass,
Fäuste geballt,
Fingernägel
ins Fleisch gekrallt.
Was dir geblieben,
heute nicht zählt,
weil deine kleine Schwester
so fehlt .
Bist Gott so böse
und gehst ins Gericht:
„Warum musste sie sterben?
Ich hasse dich!"
Jesus er sieht dich,
weint mit dir so sehr.
Linda fehlt dir...
du IHM noch viel mehr.

Gute Reise, mein Kind

Bin aufgewühlt, voll Emotionen,
horche in mich hinein.
Seid du von mir gegangen,
fühle ich mich nicht allein.

Zwar ist dort diese Trauer,
doch nicht Verbitterung.
Du bist so früh gegangen.
Du warst ja noch so jung.

Die Macht, die trug im Leben,
trägt mich jetzt auch im Leid.
Und in dem schweren Herzen,
macht Dankbarkeit sich breit.

Ich wünsch dir gute Reise,
du bist ja nicht allein,
darfst jetzt im Himmel droben
bei dem Herrn Jesus sein.

Begräbnis

traurige Mienen
Händeschütteln
Menschen
ziehen vorbei an
mir
Wildfremde
umarmen
klopfen Schulter
Kopf hoch
Leben geht weiter...
Phrasen aus
Unvermögen
Blicke taxieren
suchen Tränen bei
mir
Hebe die Augen
lächle
habt Mut
Linda geht´s
gut
ist doch
geborgen
im Hause des
HERRN

Ausgelöscht

Leben
mal eben ausgelöscht.
Hobby wurde zur Todesfalle.
Unfassbar für uns alle.

Das zweite Kind in einem Jahr
dem ich 26 Jahre lang Mutter war.
Lebe wohl, mein Sohn.
Deine Schwester wartet schon.

Ich hoffe so, ihr seid vereint
mein Herz vor Trauer leise weint.
Herr Jesus Christ, bleibe bei mir,
dass ich den Glauben nicht verlier.

Mein Sohn

Dein Mund hat mich manchmal
zur Weißglut gebracht,
wenn er endlos lange gescherzt,
gewitzelt, gelacht.
Du wusstest genau wie man
Muttern auf die Palme bringt
bis sie aufgeplustert und
schwer atmend um Fassung ringt.

Es machte dir Spaß,
mit mir Scherze zu machen
und wurde ich böse,
fingst du an zu lachen.
Doch war ich mal krank,
besuchtest du mich
und machtest mir klar:
„So lieb hab´ ich dich."

Dein ganzer Stolz dein Auto war.
Du schraubtest dran rum
so manches Jahr.
Jetzt liegt es so dicht am Boden an,
das man Maulwurfshügel
schlichten kann.

Und du, mein Sohn
liegst stumm und starr
in der Leichenhalle auf der Bahr.
Deine Seele verließ diesen kalten Ort.
Komme ich in den Himmel,
sage, find ich dich dort?

Bleibt alles beim Alten?

Mein Herz trauert,
die Sonne scheint weiter.

Ein Andrer ist ausgelassen, froh,
der Regen fällt auch auf ihn.

Sturmwind kommt um die Ecken
will uns beide erschrecken.

Die Natur schert sich nicht dran,
geht ihren eignen Gang.

Blumen blühen für ihn und mich.
Er ist erfreut, ich sehe sie nicht,

und dennoch sind sie da.
Es blieb alles beim Alten

und doch ist nichts mehr,
wie es vorher war.

Gerettet

Du liegst im Sarg, sagt man.
Der Deckel ist zu,
zu zerschlagen
dein zerbrechlicher Leib.
Ich stehe davor
und kann es nicht fassen.

Wie auch?

Fröhlich gingst du fort,
die Welt schien rosig-bunt.
Doch nun steh ich am Sarg,
das Herz unsagbar wund.
Wo bist du?
Ich finde dich nicht!

Doch dann,
in meinem Innern,
da hör ich Gottes Geist:
„Er ist hier, bei mir.
Hab keine Angst. Er ist errettet.
Ich rief ihn, weil er zu mir gehört."

Worte von Jesus an mich gerichtet.
Sie gelten meinem Kind.
Göttliche Antwort
auf meine Fragen.
Halleluja, gelobt sei der Herr.
Ihm allein gebührt die Ehre.

Gott redet auch heute noch

Dein Geist in meinem Innern
er spricht so frisch und froh:
„Such ihn nicht bei den Toten",
und frag nicht länger: „Wo!"

Ging er auch durch den Tod
und lebt nicht mehr bei dir.
Lass trocknen deine Tränen.
Dein Sohn ist hier bei mir.

Jesus hat ihn frei gemacht,
hat ganz fest an dich gedacht.
Tröstend reichte er die Hand,
festigte das Liebesband.

Voll Erbarmen bist du Herr.
Ohne dich wäre ich leer.
Dankbar schaue ich das Licht.
Jesus meine Zuversicht!

Hin zu dir

Hätte ich
der Schwalbe Schwingen,
flöge ich geschwind,
hoch in lichte Himmelshöhen,
hin zu dir mein Kind.

Würde dort
mein Liedchen zwitschern,
Wolken lauschten sacht.
Täte lang bei dir verweilen.
Kehrte heim zur Nacht.

In der Nacht

Die Nacht wird zum Tag,
weil ich nicht schlafen gehen mag.
Jetzt ist Zeit, an dich zu denken.
Möchte dir gern ein Leben schenken,
in dem auch ich verwoben bin,
danach steht mir jetzt der Sinn.
Möchte dir ganz nahe sein,
in Gedanken, hier allein.

Lachen

Ein Lachen ließ mich horchen.
Jungs beim fröhlichen Spiel.
Nie wieder werd ich deines hören.
Dein Lachen, das mir so gefiel.

Nie wieder deine Stimme,
kein einzig´ Wort von dir,
wird jemals hier auf Erden klingen.
Denn du gingst fort von hier.

Ein Lächeln ließ mich schauen.
Ich war davon verzückt.
Im Himmel werd ich deines sehen.
Dann lächelst du zurück.

Sei nicht traurig, Mama

Müde von des Tages Lauf
lege ich mich zur Ruh.
Sinne über vieles nach.
Schlaf deckt alles zu.

Im Traum da stehen Du und Du
in der Himmelstür:
„Sei nicht traurig, lieb Mama,
gut ergeht´s uns hier.

Wirf doch fort den Trauerflor
in das Meer der Zeit.
Unsere Liebe sie bleibt dir
für alle Ewigkeit."

Momente der Trauer

Es gibt Momente, da ist mir alles egal.
Das Leben, es wird mir einfach zur Qual.
Dann stopfe ich mir die Ohren zu.
Will nichts mehr hören, nur einfach Ruh.

Halte die Hände vor das Gesicht,
verdecke die Augen. Nie mehr sehe ich dich!
Beiße mir auf die Zunge, damit ich nicht schrei.
Und das Herz zerbricht in kleine Stücke dabei.

Es gibt Momente, da such ich nach dir
und weiß schon im Voraus,
du bist nicht mehr hier.
Ich bete zu Jesus Christus ganz sacht:
„ Herr gib mir Frieden auch diese Nacht.“

Suche

Eingeriss`ne Fingernägel
graben einen Tunnel
durch die Tiefen der Gefühle.
Buddeln, reißen Löcher
ins Gewühle der Gedanken,
die wie Kletten sich verfangen .
Lassen dich nicht hingelangen
zu den Träumen
und den Wünschen,
der Erinn`rung leisem Glück.
Denn sie höhnen, lästern, schreien:
„NIEMAND
BRINGT SIE DIR ZURÜCK!"

Der Tanz

Rauchgeschwängert
das Zimmer.
Dumpf
dröhnt der Bass!
Ich weine
und ich tanze ...
... den Tanz des
Vergessens.

So warst du

In der Stille denke ich,
warst ein Überraschungskind für mich.
Hatte mit der Mutterschaft schon abgeschlossen.
Da kamst du noch in die Welt gekrochen.

In der Stille danke ich,
du warst ein Geschenk für mich.
Das Normale war für dich
eine Nummer zu klein,
immer musste es etwas Besonderes sein.

Schmunzelnd erinnere ich mich,
warst manchmal auch ein Bösewicht!
Deine Freunde waren erschreckt,
weil du hattest einen Puma entdeckt.

Ängstlich rannten sie nach Haus.
Erzählten´s Mutter und auch Vater.
Dabei saß im dichten Gebüsch
nur unser dicker alter Kater.

In der Stille weine ich,
nie mehr seh ich dein Gesicht.
So überraschend wie du einst gekommen,
bist du jetzt von mir gegangen.

SEINE ZEIT

Trauer schien überwunden, schon nach Stunden.
Einfach so.
Doch heute, jetzt in diesem Augenblick
ist sie hier in mir.
Macht feuchte Augen, lähmt mich.
Einfach so.

Kann sie nicht fassen,
drängen, in die Ecke zwängen.
Trauer hat seine Zeit. Wessen Zeit?
SEINE ZEIT!   GOTTES ZEIT!

Er nahm mir die Trauer,
als so vieles bedacht werden musste.
Hellwach musste ich ja sein,
doch jetzt schenkt ER mir
SEINE ZEIT.

Ganz allein mit IHM darf ich meine Trauer
in SEINER ZEIT ausleben.
SEINE ZEIT hält Tränen bereit,
doch auch Zärtlichkeit, Liebe.

SEINE ZEIT ist trostlos, überschwänglich
liebend, anhänglich, leise, laut.
SEINE ZEIT schreit, flüstert,
sehnt sich, verzehrt sich,
SEINE ZEIT baut auf, gibt neue Kraft,
Mut, Zuversicht.

Denke an dich, streichle dein Bild,
Einfach so.
Nie wieder deine Wärme spüren.
Die Gedanken machen traurig, ... froh.
Du, mein Kind, bist
in SEINER ZEIT geborgen,

... und ich?
Meine Zeit liegt
in SEINEN Händen.

Auf dem Friedhof

Stille
umgibt mich hier
an deinem Grab.
Die Blumen der Kränze verwelkt.
Sie spiegeln Vergänglichkeit.

Langsam
entferne ich einen Kranz
nach dem anderen.
Ein Sandhügel bleibt.
Darauf setze ich Blumenkübel.

Ruhig,
ohne Hast trenne ich
Grünabfall, Draht, Kunststoff.
Die Zeit verrinnt,
es stört mich nicht.

Endlich
kann ich etwas für dich tun.

Unvergessen

Ich sehe dich bei den Nachbarn sitzen,
hör dein Motorrad aus der Fern´!
Erkenne dich im Kinderlachen.
Würde dich halten doch so gern.

Doch alles ist doch nur ein Traum
aus einer andern Zeit.
Und doch ist´s mir, als lebst du noch
und bist von mir nicht weit.

So lebe weiter in mir fort,
ich habe dich so lieb.
Erinnerung und Sehnsucht auch,
ists, was von dir hier blieb.

Zwiespalt

Kleiner Spatz in der Hand,
ach wie bist du so niedlich.
Hast Vertrauen zu mir,
drückst dich an mich, ganz friedlich.

Doch die Taube verspricht
mir das Glück aus der Höhe,
dass ich durch Jesus Christ
dort in Gnaden dann stehe.

Kleiner Spatz in der Hand,
möchte von dir nicht lassen.
Doch dann, werde ich das Leben,
dort im Himmel verpassen.

Anmerkung: Oftmals geben wir uns
mit Wenigem zufrieden, dabei möchte Jesus
uns die Fülle des Heils schenken.

Hoffnungslicht

Dort, wo noch gestern die Sonne schien,
ist jetzt ein grauer Schleier.
Wolken hängen tief und der Regen
bedeckt die Fensterscheiben.
Hier in der Stube fühle ich mich geborgen..
Kerzenschimmer, Hoffnungslicht;
ein warmer Glanz erfüllt den Raum.
Schummrig ist es. Wohlig angenehmer Duft
von Wachs erfüllt den Raum.
Dort, wo im Herzen noch gestern die Sonne schien,
will sich nun ein Schleier aus Wehmut
und Trauer einschleichen.
Doch ich habe dich Herr, an meiner Seite.
Hoffnungslicht, wie Kerzenschimmer,
ein warmer Glanz, der mein Innerstes berührt.
Du ,Herr Jesus, der am Kreuz für mich starb,
willst mich trösten. Wie wohlig ist es doch,
sich in dir geborgen zu wissen.

Jesus behält mich im Blick

Lies Lukas 22, 61 - 62

Wenn ich diesen Vers lese, gehen meine Gedanken weit zurück in die Vergangenheit:

Ich bin ein kleines Kind. Mama steht am Kohlenofen und kocht für uns das Mittagessen. Ich hänge an ihrer Schürze. Doch sie scheint mich gar nicht zu bemerken.
Ich bitte und bettle, sie soll sich mir doch zuwenden, doch nichts geschieht.
Das war ihre Art mit uns Kindern umzugehen, wenn wir ungezogen waren und sie sehr betrübt hatten. Sie strafte uns mit Nichtachtung.

Für mich persönlich war dies die härteste aller Strafen. Luft zu sein für Mama, die ich doch eigentlich so lieb hatte. Ich hätte sterben mögen vor Scham und Trauer darüber, was ich wieder mal angestellt hatte. Ich wünschte mir sehnlichst, sie möge einen Stock nehmen und mir tüchtig den Hintern versohlen. Das war damals die normale Art des Strafens. Zu Hause und auch in der Schule. Damit konnte ich leben. Ich war ungehorsam und bekam den Hintern voll. Doch diese abweisende Art meiner Mutter, die mir zeigte: Du bist mir nicht mehr wichtig. Du bist Luft für mich! Das ging über meine Kraft.

Wie anders ergeht es Petrus hier. Er ist Jesus zum Verhör gefolgt, um zu sehen, was mit seinem Herrn geschieht. Doch dann wird er erkannt und leugnet dreimal aufs heftigste, Jesus zu kennen.

Da kräht der Hahn! In diesem Moment dreht Jesus sich um und sieht den Jünger an. Er wendet sich dem Verräter zu. Er hat ihn im Blick. Und Petrus fallen die Worte Jesu wieder ein, die er zu ihm gesagt hat: "Ehe der Hahn kräht, wirst du dreimal geleugnet haben, mich zu kennen." Jetzt kann er nicht mehr. Nun begreift er erst, was er seinem geliebten Herrn und Meister angetan hat und weint bitterlich.

Ob ihm damals aufgegangen ist, das Jesus ihn nicht verstoßen hat? Ich glaube nicht. Jesus hat ihn nicht mit Verachtung bestraft. Er hatte ihn im Blick. Sein Jünger war ihm nicht egal. Er hat ihm schon vergeben. Denn: Er wandte sich um und sah ihn an! Welch ein Trost kann das für jeden von uns sein. Jesus Augen sind auf uns gerichtet, er hat dich und mich im Blick! Auch wenn wir ihn verleugnen. Wenn uns der Mut zum Gottesbekenntnis fehlt, hat er uns im Blick. Liebevoll und voller Trauer sind seine Augen auf uns gerichtet. Und wir dürfen wissen, wenn wir unser Tun bereuen, vergibt er uns unsere Schuld. Und er hilft uns, wieder auf den rechten Weg zurück zu kommen.

Hoffnungsstrahlen gleich

Ein Feuerwerk aus Kraft und Licht,
durchbricht das Himmelszelt.
Und wundersame Bilder malt
der Herrscher dieser Welt.

Für dich und mich malt er dies Bild.
Einmalig, wunderschön.
Was er uns damit sagen will,
sag, können wir´s versteh´n?

Wenn dunkle Wolken um uns sind
und wir den Weg nicht sehn,
will Jesus als das Licht der Welt
gemeinsam mit uns gehn.

Ein Feuerwerk aus Kraft und Licht,
durchbricht das Himmelszelt.
Und wundersame Bilder malt
der Herrscher dieser Welt.

Er ist hier

Ich mache hier mein Lebensnest,
allein an Jesus Christus fest.
Und kommen Stürme auf mich zu,
ist er auf wilder See die Ruh.

ER - das Magnet - an dem ich klebe,
ER ist der Grund, auf dem ich lebe.
ER ist der Fels, auf dem ich steh´,
ER ist der Weg, auf dem ich geh´,

ER - die Musik - in meinen Ohren,
ohne ihn wäre ich verloren.
ER ist die Wahrheit und das Licht,
ER - meine Hoffnung - die nicht bricht.

ER - die Liebe, ER- das Brot,
ER - der Helfer in der Not.
ER - der Hirte, der mich führt,
ER ist es, der mein Herz berührt.

ER trat für meine Sünden ein,
ER litt für mich die Todespein.
ER - der für mich starb und auferstand,
ER führt mich in das Vaterland.

Es ist für uns geschehen

König Jesus,
reiche uns deine Hand.
Fällt es auch schwer zu glauben
und quälen Zweifel ,
so ist es doch
für uns geschehen
Zieh uns heim zu dir!

Heiland

Herr meines Lebens,
eines ist gewiss,
ich bin in Dir geborgen.
Liebe trägt mich
auch in dunklen Stunden.
Nur bei Dir ist Frieden.
Du bist mein Erlöser.

Wir sehen auf Jesus

Wir sehen auf Jesus,
der den schweren Gang nach Golgatha angetreten ist.
Er lässt sich verhöhnen und verspotten.
Er wehrt sich nicht.
Mit letzter Kraft schleppt er sich vorwärts.
Schmerz zeichnet sein Gesicht.
Er geht den Weg in die absolute Dunkelheit, in die Gottesferne.
Weshalb macht er das? Aus Liebe zu dir und zu mir.
Unsere Schuld schleppt er da,
damit wir rein und schuldlos vor Gott stehen können.
Er ist das Lamm, das für uns geopfert wird.
Und Gott wendet sich ab.
Weil Sünde und seine Heiligkeit nicht zusammen passen.
Weil er die Sünde verabscheut. Gottes Sohn stirbt einsam
und allein und mit ihm unsere Schuld.
Doch Jesus hat den Tod besiegt. Er ist auferstanden
und hat uns vom Tode befreit. Er ist in den Himmel
zurückgekehrt.
Wenn wir das glauben können, so sind wir in Gottes Augen rein,
denn sein Sohn hat unsere Schuld getilgt.
Voller Dankbarkeit können wir auf Jesus, unseren Herrn blicken,
der unsere Fesseln löst und uns in sein ewiges Reich aufnimmt.

Losgelöst

Die Erde bebt von Discorhytmen
hell flackernd ist des Feuers Schein.
Wir lösen uns aus Alltagselend,
wollen im Drogenrausch lebendig sein.
Der Bass dröhnt dumpf in uns´ren Köpfen wider
wie eine wonnig wilde Symphonie!
Und wir tanzen auf dem Regenbogen,
entschweben lautlos durch die Galaxie.
Hier ist die Freiheit, die wir lieben,
der Stoff befreit uns aus der Agonie.
So werden wir die Angst besiegen!
Ja, das ist unsere ------ Philosophie!

Was bewegt Menschen dazu,
in Drogen Halt zu suchen?
Was glauben sie zu finden,
indem sie ihren Körper ruinieren?
Diese Frage ging mir durch den Sinn,
als ich dieses Gedicht verfasste.

Manchmal bist du der Antichrist

Manchmal bist du der Antichrist
von der Macht des Bösen durchdrungen,
der nicht weiß, was gut für ihn ist
und redest in falschen Zungen.
Halt! Stopp! Halte mal inne,
du hast doch ganz anders gedacht.
Was hat dieses üble, elende Treiben
nur aus deinem Leben gemacht?

Macht, Geld und Alkohol,
ist das alles, was noch zählt?
Fühlst dich in Zuhältervierteln wohl,
Gibt´s kein Gewissen, das quält?
Halt! Stopp! Halte mal inne,
du hast doch ganz anders gedacht.
Was hat dieses üble, elende Treiben
nur aus deinem Leben gemacht?

Versorgst Kinder mit Drogen,
prügelst auf wehrlose Menschen ein!
Hast deine alten Eltern betrogen,
und bildest dir auch noch etwas drauf ein.
Halt! Stopp! Halte mal inne,
du hast doch ganz anders gedacht.
Was hat dieses üble, elende Treiben
nur aus deinem Leben gemacht?

Du bist nicht wirklich der Antichrist,
lass eine andre Macht in dich dringen.

Jesus weiß, was gut für dich ist.
Er wird den Bösen bezwingen.
Bitte, bereue! Gott wird dir helfen!
Er hat schon lange alles bedacht!
Nun hat der Herr aus dem elenden Treiben,
ein friedvolles Leben gemacht.

Trost und Geborgenheit

Ich darf mich winzig machen,
ganz klein vor dir.
Alle Ängste, alle Sorgen,
nimmst du fort von mir.

Wie ein neugebor`nes Kind,
still in Mutterarmen,
wiegst du mich, o, HERR,
hast mit mir Erbarmen.

Momente

Ein Lächeln im Vorübergehen,
ein kurzes gutes Wort,
scheucht manchmal
so viel Trauer
im Handumdrehen fort.

Es kostet dich nur
einen Blick.
Ein kostbarer Moment.
Schenk du ihn einem Menschen,
auch wenn er dich nicht kennt.

Lieder, die zu Herzen gehen

Lieder voller Kraft und Glauben,
stärken meinen Sinn.
Holen mich aus Traurigkeit,
ziehen zu dir mich hin.

Fange ich dann an zu singen,
wird die Seele frei.
Gott, ich rühme deine Treue.
Werde froh dabei.

Lieder, die zu Herzen gehen
trage ich viel in mir.
Damit machst du mich so glücklich.
Herr, ich danke dir.

Mundharmonika

Mundharmonika, Mundharmonika,
du bist ein guter Freund.
Der mit mir lacht und mit mir weint,
der niemals mich verneint.

Blicke ich auf mein Neugebor`nes,
kommen Töne sanft und lind.
Denn du weißt, dort in dem Bettchen
schläft mein heißgeliebtes Kind.

Ref. Mundharmonika

Sonnentage voller Schönheit
fängst du für mich ein.
So darf ich in Wintertagen
darin eingebettet sein.

Ref. Mundharmonika

Wühlt ein Sturm in meinem Innern,
brausen Töne voller Zorn,
weil du weißt, dort tief verborgen
sitzt ein spitzer gift´ger Dorn.

Ref. Mundharmonika

Ist mein Leben hier zu Ende
und ich geh zu Gott dem Herrn,
Tönt in Moll noch aus der Ferne:
„ Lebe wohl, ich hab dich gern."

Mir zur Freude, Gott zum Ruhm

Wenn Andre Rieu den Geigenstock schwingt,
Michaels „Einsamer Hirte" erklingt,
Danny uns singt, dass Gott die Wunden heilt,
den Schmerz mit allen Menschen teilt,
dann weiß ich vor Bewunderung voll
nicht, ob ich lachen ,weinen soll.

Könnte ich spielen und auch singen,
möchte ich dem Nächsten Freude bringen.
Wer erlernt ein Instrument,
die Noten kennt und hat Talent,
sollte üben und sein Bestes geben.
Wird Lichtstrahl in so manchem Leben.

Doch möchte ich nicht neidisch sein,
denn die Musik ist´s nicht allein.
Auch das geschriebene Wort ist wichtig,
Das darf ich weitergeben. Richtig?
Drum will ich es auch weiter tun,
mir zur Freude, Gott zum Ruhm.

Die Freude kehrt wieder

Als Oma noch im Wald rumspringen,
innerlich laut Loblieder singen,
mit der Sonne um die Wette strahlen,
mich in Eiseskälte aalen,
und platzen fast vor lauter Glück.
Mein Herr gab mir die Freude zurück!

Streifzug

Streifte heute durch den Wald.
Bin Oma, doch im Herzen nicht alt.
Die Finken sangen: „Tag, Tag, Willkommen du!"
Der Specht, er klopfte den Takt dazu.

Ein Rotkehlchen bot seine Begleitung an,
und hüpfte von Ast zu Ast sodann.
Ein kleiner Hund kam des Weges daher,
wedelte mit dem Schwänzchen sehr.

Die Sonne küsste mein Gesicht.
Sie wärmte mich mit ihrem Licht.
Zwinkerte, sprach: „Bleib schön gesund!",
malte mir den Himmel bunt.

So wurde ich von Herzen froh
und hüpfte, wie ein kleiner Floh.
„Mein Heiland, ach ich danke dir,
für Freude, die du schenktest mir."

Ich soll dir Gott erklären?

Wenn ich Gott erklären könnte, wäre er eine jämmerliche Gestalt, mit der ich nichts zu tun haben wollte. Ich begreife ja nicht einmal, wieso ich hier mit dir kommunizieren kann.
Für mich braucht das Göttliche einen Namen, denn ich möchte nicht irgendein höheres Wesen anbeten. Nur von Gott kommt mir Hilfe durch Jesus Christus. Ich brauche ihn und ohne ihn kann ich nicht existieren. Als meine Kinder starben, da konnte mir kein Mensch Trost geben. Das konnte nur Gott durch den heiligen Geist. Doch schon in der Bibel steht: Für den der nicht glaubt ist es eine Torheit. Das hat sich bis heute bewahrheitet. Keine Wissenschaft wird Gott erklären können oder die Wunder, die die Bibel beschreibt. Entweder man traut es Gott zu, dass er seinen Sohn zum Leben erwecken kann, das Wasser des Meeres teilen, damit die Israeliten trockenen Fußes hindurchgehen können, oder man lässt es bleiben Beweisen kann dir das niemand. Es wäre müßig, darüber in Streit zu geraten.

Glaubensfragen 10 Gebote

Die zehn Gebote standen auf dem Plan.
Wie gehe ich damit um? Was fange ich damit an?
CHRIST IST;
WER BEWUSST NACH DEN ZEHN GEBOTEN LEBT!
Das ist ein Gedanke, der mir widerstrebt!

Nach den Geboten lebten die Juden schon!
Sie kannten den Vater, doch nicht den Sohn!
Ich halte es mit Gott, so meinte eine.
Verständnis für die Auferstehung habe ich keine.

Mit Christus weiß ich nichts anzufangen,
deshalb bin ich zu einem Pfarrer gegangen.
Der hat mich beruhigt, das wäre nicht schlimm,
weil ich ja wirklich "GOTTGLÄUBIG" bin.

Wenn ich so etwas höre, wird mir beklommen,
ich frag´ mich, ist Christus umsonst denn gekommen?
Gilt Jesu Wort für Pfarrer nicht?
NIEMAND KOMMT ZUM VATER,
DENN DURCH MICH!

Herr Jesus, bitte, lass´ die Verblendung nicht zu.
Denn der Weg zu dem Vater, der bist nur Du!
Du hast Dich geopfert auf Golgatha.
Für die Sünder auf Erden und Dein Wort ist wahr!

Der Gymnastikball

Groß und rund, so liegt er vor mir
und ich seh ihn skeptisch an.
Ob dies runde große Etwas
meine Schmerzen lindern kann?

Vom Computer, steif der Nacken
und der Rücken schief und krumm,
das Gehirn kriegt keine Nahrung,
ach, ich fühl mich alt und dumm.

Also setz´ ich mich bedächtig
auf den dicken Gummiball,
bin in Sorge, dass ich Pummel
da ganz einfach runter fall!

Langsam fang ich an zu üben,
Becken vor und dann zurück,
Rücken gerade, Kopf nach vorne
und bleib sitzen... Welch ein Glück!

Ja, jetzt üb ich schon seit Wochen
und mein Pezzi macht mich fit.
Sitz auf ihm vor dem Computer
und nehm ihn zum Bügeln mit!

Groß und rund, so liegt er vor mir
und ich seh ihn strahlend an,
weil dies runde große Etwas
meine Schmerzen lindern kann!

Doch wie gern ich ihn auch habe,
eines nimmt er mir nicht ab.
Meine Ängste vor dem Sterben
und dem tiefen dunklen Grab.

Hier nur kann der Heiland helfen,
der für mich am Kreuze hing
und für meine Sünd und Schande
Schläge, Spott und Hohn empfing.

O, wie sehr muss er mich lieben!
Es geht über den Verstand.
Das er starb für mein Vergehen
und dann für mich auferstand.

Nicht mit mir!

Ich will nicht,
das du mir
den Himmel ersetzt.
Ich will das Original

So viele schau´n verliebt sich an
und schweben himmelwärts.
Und denken nicht im Traum daran,
wie tief man stürzen kann.

Für mich ist das kein Angebot,
da beiße ich nicht an.
Ich halte mich an Jesus Christ.
Nur er den Himmel schenken kann!

Bedenke es: Finger können viel bewirken

Finger können viel bewirken,
wenn wir wollen, dass sie´s sollen.

Finger können Haut zerfetzen
um sich schlagen und verletzen.

Etwas halten und gestalten.
Bärte stutzen, Nase putzen.

Zärtlich streicheln. Hände fassen
und sich selber streicheln lassen.

Haut einkremen und massieren.
Schwitzen und auch tüchtig frieren.

Brezel formen, Brotteig kneten
und sich falten, wenn wir beten.

Finger können nur bewirken,
was wir wollen, dass sie´s sollen.

Normen

Bist du nicht normal gebaut,
hast zu große Ohren,
wirst du komisch angeschaut,
zum Lachobjekt erkoren.

Auch noch aus der Form geraten,
äußerlich nicht schick,
brauchst du gar nicht lange warten,
hörst: "He Mann , bist du dick!"

Ich könnt die Liste noch erweitern,
zu groß, zu dünn, zu klein.
Mit der Figur da wirst du scheitern,
die Welt ist so gemein!

Doch Gott verliert die Fassung nicht,
hält nichts von diesen Normen.
Er lächelt dir ins Angesicht,
wollt gerade dich so formen.

Für ihn bist du ein Diamant,
ganz wunderbar gemacht,
und völlig von ihm anerkannt,
auch wenn der Dummkopf lacht.

Wertvoll?

Menschenaugen ruhen auf dir,
schätzen dich ab und ein.
Werden es gute, oder verletzende
Gedanken über dich sein?

In Sekundenbruchteilen stempeln sie ab,
ob liebenswert oder auch nicht.
Ohne erkennbaren Hintergrund
halten sie Standgericht.

Nun dreh den Spieß doch einmal um,
wie steht es denn mit dir?
Verhältst du dich nicht ebenso,
bei anderen und mir?

Den Mensch sieht, was vor Augen ist,
das sagt die Bibel schon.
Das Herz für Gott nur offen ist
und für Jesus, seinen Sohn.

Gespräch mit Gott

Und immer wieder frag ich mich,
ob ich dir richtig diene.
Gib du mir Antwort , Herr, ich bitt,
ins Herz und in die Sinne.

Dein Wort möchte ich weitergeben,
aussenden stets dein Licht.
Ach Herr, ich brauche deine Hilfe,
alleine schaffe ich es nicht!

Du sprichst durch dein Wort zu mir:
„Ich habe dich erwählt.
Ich kenne dich und hab dich lieb.
Das ist es, was jetzt zählt.

Sei einfach du und lebe so,
wie ich es vorgegeben.
So bin ich bei dir alle Zeit,
auf allen deinen Wegen.

Und da, wo ich dich hingestellt,
da wirst du Zeuge sein.
Mein Wort leg ich in deinen Mund!
Ich lass dich nicht allein!"

Hurra, ich werde Oma

Ich freu mich auf ein Menschlein.
Ein süßes Ding, so klein.
Ob Junge, ob Mädchen oder beides,
ganz egal, der da Oben entscheidet´s.

Ich freue mich, du meine Güte.
Es ist, wie bei ´ner Wundertüte.
Das Wunder wird dies Kindlein sein,
doch es gehört mir nicht allein.

Ich bin seine Großmama
und später einmal für es da.
Am liebsten kauft´ ich Babysachen!
Ich werde es nicht machen.

Es sitzt ja noch in Mamas Bauch.
Dort bleibt es die nächsten Monate auch.
Die Tage bis Januar werden gezählt,
denn dann kommt mein Enkelkind auf die Welt!

Milena-Angelina

Fast 37 Wochen lang
bereitete Gott es vor.
Jetzt ist das Kindlein fertig,
vom Zeh bis hin zum Ohr.

Zwei dunkelblaue Augen
die blicken in den Tag.
Sie fragen voll Erstaunen,
was er wohl bringen mag.

Ein Mund der leise lächelt,
berührt das Mutterherz.
Im Schleier des Vergessens
liegt der Entbindungsschmerz.

Milena - Angelina,
dieses wunderbare Leben
hat, euch Eltern als Geschenk,
der Herrgott selbst gegeben.

Maike Emilys Geburt

So lang lässt du uns warten,
was war denn los mit dir?
War´s in dem engen Raume
gemütlicher wie hier?

Dann plötzlich die Entscheidung,
jetzt komm ich oder nie.
Warum denn nun so eilig,
kleine Maike Emily?

Der Doktor kommt ins Schwitzen,
genau wie Mama auch.
Denn das Knie der dicken Hebamme
drückt sich tief in Mamas Bauch.

Dem Papa wird es mulmig.
Er schaut schon nicht mehr hin.
Wenn das man alles gut geht,
schießt es ihm durch den Sinn.

So langsam wird es brenzlig,
Der Arzt macht ein paar Schnitt,
er holt dich mit der Saugglocke.
Du machst vielleicht was mit!

Man hört ein leises Quieken,
Grad kamst du auf die Welt.
Das du gesund und munter bist,
ist alles, was jetzt zählt.

Michelles Wiegenlied

Die Regentropfen fallen,
es säuselt sanft der Wind.
Ich halt in meinen Armen,
ein süßes kleines Kind.

Schlaf ein Michelle,
mach die Äuglein zu,
denn bald schon kommt die Nacht.
Der Herrgott schaut auf dich herab,
die Engel halten Wacht.

Ich leg dich in dein Bettchen
und deck dich sorgsam zu.
Mein süßes kleines Mädchen,
begib dich jetzt zur Ruh.

Schlaf ein Michelle,
mach die Äuglein zu,
denn bald schon kommt die Nacht.
Der Herrgott schaut auf dich herab,
die Engel halten Wacht.

Hör zu, in ein paar Stunden,
weckt dich der Sonnenschein.
Dann wird mein kleiner Liebling
gar nicht mehr müde sein.

Schlaf ein Michelle,
mach die Äuglein zu,
denn bald schon kommt die Nacht.
Der Herrgott schaut auf dich herab,
die Engel halten Wacht.

Betende Hände

Kleiner David William,
kamst ganz schwach im Leben an.
Durftest nicht bei deiner Mama sein,
man schob dich ins Frühchen-Zimmer hinein.

Fast keiner bekam dich zu Gesicht,
dich immer besuchen, das ging ja nicht.
Nur dein Papa durfte dich sehn,
und öfter einmal zu dir gehn.

Auch deine Mama war müde und schlapp,
quälte sich mit starken Schmerzen ab.
Und Heimweh hatte sie so sehr,
vor Kummer konnte sie nicht mehr.

Jetzt liegst du gesund im Elternhaus
und ruhst dich erst mal tüchtig aus.
Deine Mama kann wieder glücklich sein,
auch sie ist endlich wieder daheim.

Liebe Menschen haben an euch gedacht
und alles vor den Vater im Himmel gebracht.
Durch IHN kam die wunderbare Wende,
durch "Betende Hände"

Brief für den Enkelsohn

Hallo, mein süßer neuer Enkelsohn, ich begrüße dich in der Welt. Wie bin ich froh, das der gute Gott uns ein so herrliches Geschenk gemacht hat. Denn, Kinder sind eine Gabe Gottes. Denke immer daran, ob du traurig oder glücklich bist, der Herr Jesus , das ist der Sohn von Gott, ist immer für dich da und sorgt für dich. Ihm kannst du alles anvertrauen. Er ist am Kreuz für dich gestorben und hat für alles Unrecht, was du in deinem Leben begehen wirst , die Strafe auf sich genommen, damit sein Vater im Himmel bei dir sein kann, wenn du es nur willst. Heute bist du noch zu klein, um das zu begreifen. Ich hoffe, ich kann es dir einmal erklären. Mein kleiner Liebling, ich habe deiner Mama zu deiner Geburt eine kleine Figur geschenkt. Dort liegt ein Baby in einer Hand. Es ist Gottes Hand. Das Baby bist du. Gott will dich immer beschützen. Wenn du willst, dass der liebe Gott bei dir ist und du ihn bittest:
"Komm in mein Herz", kann ihn niemand daraus vertreiben. Glaube mir, er hat dir im Krankenhaus schon geholfen und deiner Mama auch. Dies ist der erste Brief an dich mein kleiner David William. Ich habe dich lieb!
Deine Oma

Lied für (Wilhelm Benjamin)

Als du noch im Schoß
deiner Mutter lagst,
da ging das Rätseln los.
Und jedermann
dachte angestrengt nach:
"Wie nennen wir ihn bloß?"

"Ich hätte gern einen Nepomuk,"
so sprach dein Vater schlicht.
Das es deiner Mutter
gar nicht gefiel,
man sah es an ihrem Gesicht.

"Miguell Elias, so nenne ich ihn,"
meinte deine Mama verklärt.
Doch das passte deinem Papa nicht.
Er sagte:
"Das schreib ich verkehrt!"

Das du nun in unserer Mitte bist,
ist alles, was jetzt zählt.
Deine Eltern
nannten dich Benjamin.
Sie haben gut gewählt!

Doch für mich
wirst du immer
mein Wilhelm sein,
denn Gott gab mir
diesen Namen ein!

Wenn ein Kind geboren wird

Wenn ein Kind geboren wird,
ist´s einem Wunder gleich.
Es wird geliebt und auch bestaunt
und macht die Eltern reich.
Ein Menschlein, ach so hilflos noch,
braucht Mutterhände zart,
die es behüten und begleiten
in einer Welt so hart.

Und einen Vater braucht das Kind,
damit es reifen kann,
um Selbstvertrauen zu erringen,
als Frau und auch als Mann.
Ein Kind ist eine Gabe Gottes,
es ist uns nur geliehen.
Für eine Weile dürfen wir
es mit - gestalten und - erziehen.

Doch eines können Eltern nicht,
das solltet ihr bedenken,
ihm nach dem Tod ewiges Glück
im Himmel droben schenken.
Dafür starb Jesus an dem Kreuz
und litt viel Not und Pein.
Wollte für euch und euer Kind
der Prügelknabe sein.

Drum, liebe Eltern, bitte ich,
erzählt von Jesus Christ.

Weil er die Wahrheit und der Weg
zum Vaterhaus doch ist.
Wer das bekennt und es bezeugt,
dem steht der Himmel offen.
Der darf auch schon in dieser Welt
auf Gottes Gnade hoffen.

Ein Kind ist eine Gabe Gottes
für eine Weile bloß,
drum übergebt es früh dem HERRN.
Er lässt es nicht mehr los.
Und ist sein Leben hier zu Ende,
und ihr meint, es sei tot,
so ist im Himmel große Freude.
Denn es kehrt heim zu Gott.

Für dich, meine kleine Justine

Soviel Freude bringt dein Lächeln!
Zärtlich sehe ich dich an.
Weil ein Zucken deines Mundes
meine Seele rühren kann.

Kleine Justine, komm zur Oma
eine kleine Weile bloß.
Und ich wiege dich behutsam,
hin und her auf meinem Schoß.

Dann dank ich in der Stille Gott,
für dich, mein Enkelkind,
denn ich weiß, dass alle Babys,
Gaben unseres Herrgotts sind.

Schlaflied für Jeremy

Wenn die Sonne untergeht
und der Mond erwacht,
wünsch ich meinem Jeremy
eine gute Nacht.

Die Vöglein sehn so müde aus,
fliegen in ihr Nest.
Kuscheln sich ins Federkleid ,
schlafen ein ganz fest.

Auch die Tiere auf dem Feld
kommen jetzt zur Ruh.
Süßer, kleiner Jeremy,
mach die Augen zu.

Wenn die Sonne untergeht
und der Mond erwacht,
wünsch ich meinem Jeremy
eine gute Nacht.

Nach der Melodie
„Guten Abend, gute Nacht" zu singen

Laura-Janes Wiegenlied

Der Mann im Mond mit der Laterne,
schaut auf sie herab so gerne.
Viele tausend Sternlein stehn,
am Himmelszelt für Laura-Jane.

Der Wind, er säuselt in den Bäumen,
Das Bächlein tut vor Freude schäumen.
Die Vögelein durchs Fenster sehn.
Alle lieben Laura-Jane.

Auch die Englein in der Nacht
halten an dem Bettchen Wacht.
Können selbst nicht schlafen geh´n.
Sie hüten ihre Laura-Jane.

Lieber Gott, bleib bei der Kleinen.

Gib ihr Ruh, lass sie nicht weinen.

Dann schläft sie friedlich und träumt schön,

unsere kleine Laura-Jane.

Nach der Melodie

„Müde bin ich, geh zur Ruh" zu singen

Gute-Nacht-Gebet

Lieber Gott hab Acht auf mich
in der langen Nacht.
Halte alles von mir fern,
was mich ängstlich macht.
Hat mir einer weh getan,
hilf, dass ich ihm vergeben kann.
Habe auch mit mir Geduld
und vergib mir meine Schuld.
Schickst du mir ein Engelein,
schlaf ich schnell und friedlich ein.

Geburt

Gefürchtet, doch

Ersehnt

Bereitwillig, doch

Unruhig

Ruhend, doch

Tatkräftig

Gedanken der Angst

Eingriff ins Leben

Blut, Presswehen

Und dann...

Rupsch ----- ein Baby

Tut seinen ersten Schrei

Dein Schutzengel

Dein Schutzengel,
vom Vater im Himmel gesandt,
hält seine Hand über dir,
damit du nicht strauchelst.
Du nimmst ihn nicht wahr
und dennoch ist er stets bei dir,
der Engel an deiner Seite.

Von der Knospe bis zum Apfel

Du bist so voller Ungeduld
willst alles jetzt schon haben,
und fragst mir Löcher in den Bauch:
"Warum darf ich es denn nicht haben?"

"Weil du noch nicht die Reife hast,
du brauchst noch etwas Zeit.
Als Vorbild nimm den Apfelbaum.
Bald bist auch du soweit!"

Siehe, es war sehr gut

Für dich hat Gott das All geschaffen,

die Sterne und das Himmelszelt.

Für dich gemacht den kleinen Affen,

der dich erfreut in dieser Welt.

Er schuf das Meer und auch die Berge,

die Menschen, groß, und klein wie Zwerge.

Er schuf die Sonne und den Regen.

Obst und Gemüse, dir zum Segen.

Gott schuf !!! So schallt zu dir der Ruf.

Und dieser Satz gibt Hoffnung, Mut!

Denn was Gott schuf, das war sehr gut!

Glücksboten

Sie liefen auf die Wiese
und kehrten froh zurück.
Aus zwei Paar Kinderaugen
erstrahlte helles Glück.

Ein Strauß in ihren Händen
aus gelbem Löwenzahn,
den ich voll Freud und Wonne
sodann entgegen nahm.

Sie liefen auf die Wiese
und kehrten froh zurück,
und brachten ihrer Oma
ein Stück vom großen Glück!

Kinder

Krach, sagen die einen.

Im ganzen Haus

Nur Unordnung,

Dreck.

Eine Gabe Gottes, sagen die anderen.

Reichtum, unermesslich groß.

Pubertätskrise

Was machst Du,
wenn dein Sohn plötzlich komisch wird?
Wenn er geistesabwesend
in die Gegend stiert?
Wenn er kichert und gackert,
wie ein Huhn?
Bleib ruhig!
Es hat mit der Pubertät zu tun.

Seine Witze passen nicht mehr
in die Kinderstube.
Mal ist er ein Engel
und mal böser Bube.
Er kann schmusen und
unheimlich zärtlich sein...
Sekunden später ist er
hundsgemein!

Er kämpft mit sich selber
und ihm ist nicht klar,
warum er gerade noch
fröhlich war.
Mal fühlt er als Mann,
dann wieder als Kind.
Es ist schwer,
wenn Jungen am pubertieren sind.

Tritt er dir auf deinen
Nerven herum,
beiße dir auf die Zunge,
bitte, bleib stumm.
Er weiß es doch selber nicht,
wie ihm geschieht.
Versuch doch zu lächeln.
Behalte ihn lieb!

Mutter bleibst du immer

Sind die Jungen flügge,
bist du längst nicht frei.
Mutter bleibst du immer,
wie alt dein Kind auch sei.

Sie wollen was erleben
ohne Gängelband.
Stürzen ins Vergnügen,
meistens ohne den Verstand.

Sind sie dann erwachsen,
bauen sie ihr eignes Nest.
Dir wird Angst und Bange,
doch du hältst sie nicht fest!

Bete für deinen Nachwuchs!
Der Vater steht euch bei.
Mutter bleibst du immer,
wie alt dein Kind auch sei!

Jesus kann

An meiner Nähmaschine hat sich ein Teil gelöst, dass ich unbedingt zum Nähen brauche. Lange probiere ich daran herum, ob ich die Metallteile wieder zusammen stecken kann. Auch mein Mann, der sich viel Zeit dafür nimmt, kommt nicht auf die Lösung des Problems. Er gibt auf.

Ich schaue meinem kleinen Enkel erwartungsvoll ins Gesicht und meine: "Wollen wir beten und Jesus fragen, ob er mir zeigt, wie wir es richtig machen müssen?"

Gesagt, getan. Oma und Enkel bitten um Weisheit und Verständnis.

Dann sehe ich mir das Ding noch einmal ganz genau an. Mir fällt eine winzig kleine Öffnung auf, die wir vorher nicht beachtet haben. Dort sitzt ein Schräubchen, fasst mit dem bloßen Auge nicht zu erkennen. Nach einigen Minuten finde ich, o Wunder, einen Inbusschlüssel, der dazu passt. Jetzt ist es ein Klacks, das Teil wieder anzuschrauben. Hocherfreut juble ich und singe laut ein Lied von Christine Seibel: "Danke, Herr Jesus, für alles, was du schenkst. Danke, dass selbst im Kleinsten du heute an uns denkst."

Fragend sieht mich mein kleiner Bengel an: "Oma, singst du immer, wenn Jesus deine Nähmaschine repariert?" "Ja, mein Schatz, denn Jesus hat gesagt, wir dürfen ihn in der Not anrufen, so will er uns erretten, und wir sollen ihn preisen. Wir sollten Jesus viel öfter an unseren großen und kleinen Problemen teilhaben lassen. Er ist immer für uns da!

Das Gleichnis vom Bügeleisen

Ich bügele bei meiner Mutter die Wäsche, als mein Stiefbruder grinsend durch die Tür lugt. "Na, glättest du, was zerknittert ist?" meint er. "Ja", sage ich: " und in kurzer Zeit sieht es genauso zerknittert aus wie vorher!"

Genau wie im Leben, denke ich mir. Ist es bei mir nicht auch so? Nachdenklich sehe ich das Bügeleisen an. Wie Jesus. Niemals vorher ist mir in den Sinn gekommen, Jesus mit einem Bügeleisen zu vergleichen. Und doch - es stimmt. Dieses Hemd zum Beispiel. Wie oft hatte ich es schon in Händen. Voller Knitterfalten nach dem Waschen. Dann kommt es mit dem Bügeleisen in Berührung und wird glatt und schön! Einige Tage später liegt es wieder vor mir. Kraus, als hätte es die Wärme des Glätteisens niemals gespürt. Dem Eisen ist das egal. Wenn auch das Hemd tausendmal zerknittert vor ihm liegt, es macht das Hemd wieder glatt. Aber nur, wenn es zu ihm gebracht wird. Nur, wenn dieses Kleidungsstück vor ihm liegt, kann es seine Falten verlieren!

Und nun zu Jesus.

Wenn ich mit meinen Sorgen zu ihm komme, bereue und ihn

bitte: "Herr Jesus, der du am Kreuz für mich Sünder gestorben bist, befreie mich von meiner Schuld!" Dann tut er das. Ja, er macht mich frei und froh. Ich fühle mich nicht mehr zerknittert. Seine wärmende Liebe hüllt mich ein und macht meine zerknautschte Seele wieder glatt und schön.

Bald darauf hat die Sünde mich wieder im Genick und schüttelt mich und Sorgen und Ängste machen mir zu schaffen. Das Gesicht wird griesgrämig und faltig. Die Schultern hängen nach vorn und ich stehe wieder vor meinem Erlöser mit derselben Bitte, wie vor ein paar Tagen. Was macht er? Schickt er mich weg? Nein. NEIN! Er nimmt mich wieder an.

Macht mich glücklich, dass die Sorgenfalten verschwinden, der Rücken wieder gerade wird und mein Gang aufrecht. Eben - glatt und schön. Es ist wie beim Bügeleisen. Ich darf immer wieder kommen. ABER! Ich muss meine Schuld bekennen und BEREUEN. Dann nimmt er mich immer und immer wieder in seine Arme und wärmt mich. Wenn ich voller Reue vor ihm liege, fragt er nicht: "Warum bist du schon wieder hier?" Nein, Jesus nicht! Wir Menschen hätten längst gesagt: "Es reicht, das war das letzte Mal, dass ich dir aus der Patsche helfe. Sieh zu, wie du allein zurechtkommst. Du bist unverbesserlich". Das ist menschlich, so zu reagieren. Aber Jesus ist anders. Er hat sich für unsere Sünden ans Kreuz schlagen lassen. Er hat schon für unsere Sünden gelitten, als noch kein Mensch ahnen konnte, dass es uns jemals geben würde.

Und deshalb dürfen wir immer und immer wieder zu ihm kommen und uns an seiner Liebe wärmen. Eben wie das Hemd zum Bügeleisen kommen kann.

Gute Ratschläge?

Nach heftigen Gallenkoliken reiße ich mich zusammen und gehe endlich zum Arzt. Die Diagnose: Die Gallenblase muss entfernt werden.

Als meine Freunde davon erfahren, sind sie voller Mitgefühl. Aus Erika bricht es entsetzt heraus: "Oha, dann wirst d´ ja noch dicker!" Anni rät mir, Vitamine zu nehmen, weil sie nach einer solchen Operation sechs Monate erkältet war. Margret erzählt, dass ihr Mann seit der OP viele Sachen nicht mehr verträgt, und Birgit schießt den Vogel ab: "Wir beten für dich, damit die Ärzte keinen Quatsch machen, Du glaubst ja nicht, was da alles falsch laufen kann. Wie mir die Krampfadern gezogen werden sollten, habe ich mir um das gesunde Bein einen Strumpf gezogen, damit die das richtige Bein behandeln ..." So sind sie!

Doch ich freue mich über ihre Fürsorge, die mir eigentlich den Angstschweiß auf die Stirne zaubern müsste. Claudia ist die einzige, die keine Horrorgeschichten erzählt und nur Mitgefühl zeigt.

Wie gut, dass ich weiß, da ist einer, der hält die Wacht über mir. Er weiß, was gut für mich ist. Seine Liebe zu mir ist so unendlich groß. Wenn er möchte, das diese Operation gelingt, auch wenn die Ärzte keinen Schimmer haben, so wird sie gelingen. Das macht mich gelassen. Ich danke dem Herrn Jesus, dass ich mit dieser Sorge zu ihm kommen kann. Dass sein Wille geschieht. Wie es auch ausgeht, ich bin bei ihm geborgen. Er lässt mich nicht los.

Gebrochene Persönlichkeit

Ein grau verregneter Wintertag zieht sich wie ein zäher Schleim dahin. Nina zieht fröstelnd die Schultern hoch, obwohl es eher mild ist. Doch diese Feuchtigkeit hat ihre Kleidung durchweicht. Trübe Gedanken durchziehen ihr Gehirn: Alles habe ich versucht, um Einklang ins Unternehmen zu bringen. Doch die Leute dort, pah, die scheren sich nicht darum. Ständig muss ich ihnen sagen, wo es lang geht. Und wer ist die Dumme? Ich, ich, ich, ich! Immer wieder ich. Dabei habe ich so viele Ideen, die wir gemeinsam umsetzen könnten, wenn sie nur wollten! Wie viel Zeit investiere ich in die Sache, doch umsonst. Mich graue Maus nimmt niemand wahr. Alles, was ich sage oder tue, verpufft an ihrer Ignoranz. Manchmal ja, da begehre ich auf und haue auf den Putz, um diese müde Gesellschaft auf Trab zu bringen. Vergebens!. Dann bin ich die Böse. Meine Illusionen schwinden. Verbittert ist mein Herz und sehnt sich doch nur nach ein bisschen Anerkennung. Ab und an mal ein: „Das hast du aber toll gemacht, Nina. Weiter so! Wir brauchen dich! Bist doch unser bestes Pferd im Stall! Doch darauf kann ich lange warten!"

Was sie eigentlich wirklich will, ist ihr selber nicht bewusst. Liebe ist es, wonach sie so sehnsuchtsvoll Ausschau hält, doch die hat sie nie kennengelernt. Sie ist das Resultat einer Vergewaltigung. Der Täter wurde nie gefasst. Ihre Mutter ist seit dem brutalen Übergriff ein Fall für den Psychiater. Jedes Mal, wenn ihre Mama sie ansieht, merkt die junge Frau die Abscheu in deren Blick. Das ist schon so, seit sie denken kann. Und ihr Vater... wer ist er? Ein Monster? Ist Nina der Spross einer Bestie in Menschengestalt? Was kann sie denn dafür? Warum bestraft man sie mit Verachtung? Gibt es einen Menschen auf der Welt, der sie gern haben kann, so wie sie ist? Es gibt jemanden, der sie bedingungslos liebt, doch kennt sie IHN nicht. Arme Nina. Sie lebt ihr Leben ohne Gott. Ein graues Leben zieht sich wie ein zäher Schleim dahin. Eine gebrochene Frau zieht missmutig die Schultern hoch, obwohl es ihr materiell gut geht. Doch die Gefühlskälte hat ihre Persönlichkeit erfrieren lassen.

Zum Nachdenken

Schnell aufstehen, Zähne putzen, waschen, Wasser aufsetzen und dann ...

Stille Zeit

Losungen -, Bibeltexte -, Andacht lesen, beten. 10 bis 15 Minuten von der kostbaren Zeit abknappen. Jetzt kann das Tagwerk beginnen. Ich bin gewappnet! So sieht der Alltag bei manchen Christen aus. Ist das die "Stille Zeit" vor Gott?

Diese paar Minuten, die ich da mit Andachtsbuch und Bibel gesessen bin?

Oftmals habe ich den Text schon vergessen, bevor ich das Buch zuschlage.

Der Tag hat mich gefangen genommen, mit all seinen Verpflichtungen.

Wo bleibt die wirkliche Stille, in der wir uns ganz auf Gott besinnen und ihm Zeit lassen, zu uns zu sprechen?

Die Losungen und auch die Bibeltexte sind gut für uns, keine Frage.

Doch sollte vor unseren Aktivitäten nicht erst das Hören kommen?

Ein Horchen auf das, was Gott uns sagen will? Und dann die Bitte um Klarheit und Verständnis für Gottes Wort? Wie geht es euch damit?

Ich fahre mit Licht

Auf dem Weg zur Arbeit gehen mir viele Gedanken durch den Kopf. Gestern fehlte mir die Kraft zum Putzen und ich bin frühzeitig nach Hause gegangen. Mutlos radle ich durch den Wald. Meine Glieder schmerzen, die Beine schwer wie Blei, vom Rücken gar nicht zu reden. Fegen ist angesagt. Den ganzen Vormittag krumm stehen. Werde ich wieder schlappmachen? Woher kommt nur diese Müdigkeit?

Da kommt mir ein Fußgänger mit einem kleinen Hund entgegen. Hoffentlich springt das Tier mir nicht vor´s Fahrrad. Das hätte mir gerade noch gefehlt. Doch nein, er setzt sich neben sein Herrchen und wartet geduldig, bis ich vorbei radle. Da ruft der Mann mir etwas zu. Was hat er da gerade gesagt? "Sie fahren mit Licht!" Meine spontane Antwort ist: "Ja, ich weiß, das tue ich immer!" Warum könnte ich in diesem Moment vor Glück zerspringen? Was ist geschehen? Ich spüre eine tiefe Freude in mir. Schlagartig bessert sich meine Laune.
Ich kann den Menschen, die mir jetzt noch begegnen ein fröhliches: "Guten Morgen", zurufen. Mein Herz ist leicht und beschwingt. Am liebsten würde ich immer wieder laut rufen:

Hurra, ich fahre mit Licht, das tue ich immer!"

An meinem Fahrrad brennt immer das Licht beim Fahren, so werde ich besser gesehen. Es ist mir gar nicht mehr bewusst. Ich muss nur in die Pedale treten und es leuchtet. Doch davon kann meine Freude doch nicht kommen. Mir wird plötzlich bewusst, dass ich diesen Vormittag nicht alleine bewältigen muss. Das Licht ist da. Was ich auch tue. Tag und Nacht! Es ist immer an. Ich fahre, laufe, gehe, liege und ich schlafe mit Licht. Jesus ist mein Licht.

Wie schön ist doch dein Eigentum

Was schleppt denn die kleine Ameise da? Interessiert knie ich mich hin. Einen Brocken, dreimal so groß wie sie, schafft sie flink und behände fort. Auf dem Pflaster entlang, durch Ritzen im Stein, an der Wand entlang, als würde es keine Mühe machen. (Kleine Kostbarkeit aus Gottes Werkstatt.)

Und was ist das? Einst als Raupe verachtet und verfolgt, hat sie es doch geschafft sich zu verpuppen. Eine kleine Weile braucht es noch, dann wird aus ihr ein wunderschöner Schmetterling. Die Tautropfen glitzern in der Morgensonne wie Diamanten. Das erste Licht des Tages erhellt die Dunkelheit der Nacht. Die Vögel singen ihr Morgenlied. Die Blumen strecken ihre Blütenköpfe dem warmen Licht der Sonne entgegen, Bäume im jungen Grün rauschen im Wind. Der stolze Fasan stolziert über den Acker, und da! Ein Wildkaninchen saust geschwind über die Wiese. Ich strecke mich wohlig und atme den würzigen Duft der frischen Morgenluft tief in mich hinein. Tauben gurren und von irgendwoher höre ich einen Hahn energisch krähen.

Petrus geht mir durch den Sinn. Ein Moment der Trauer überkommt mich,... ich bin wie er. Doch dann kommt Freude in mein Herz, denn Jesus hat ihm vergeben, genauso wie mir!

In der andächtigen Stille wird mir dieser Morgen zum Gottesdienst. Wie viel Mühe gab sich der allmächtige Gott bei jedem Einzelnen seiner Geschöpfe. Ich sehe, er hat es sehr gut gemacht! Wie kann ich da noch zweifeln? Dankbar stimme ich in das Loblied der Natur mit ein.

Die Tankstelle

Kennst du das Gefühl der Leere? Die Lasten des Alltags, Kummer, Sorgen, aber auch ein Zuviel an Freizeitangeboten können dich leer pumpen?
Jetzt brauchst du eine Quelle, die dir wieder Lebensfreude, Mut und Kraft schenkt. Ich kenne einen wunderbaren Ort. Dort kannst du auftanken. Es ist gut, ganz leer anzukommen, denn den kostbaren Treibstoff bekommst du nur hier. Täglich darfst du dich füllen lassen...

Du fragst mich, wo es so etwas gibt? Bei den Dreien von der Tankstelle natürlich. Dort ist der Kunde König. Es gibt eine sensationelle Waschanlage. Wenn du auch den Schmutz der letzten 60 Jahre mit dir herumträgst und man deine wahre Gestalt vor lauter Schmiere nicht mehr erkennen kann, hier wird dir geholfen. Hier wird jede Ecke und jeder Winkel so poliert, dass du porentief rein wieder nach Hause gehst.

Der Juniorchef hat dich so lieb, dass er alles für dich tut, wenn du ihn um Hilfe bittest und ihm vertraust. Die Rechnung, die der Senior dir schicken müsste, hat sein Sohn schon bezahlt. Glaube fest daran, so wirst du rundum erneuert. Der gute Geist dieser Tankstelle bleibt sogar bei dir, wenn du nach Hause gehst und füllt dich immer wieder mit neuem Treibstoff auf. Hier bekommst du alles wirklich ganz kostenlos.

Die drei von der Tankstelle heißen: Gott Vater, Sohn und Heiliger Geist. Die Tanksäulen sind die Bibel, das Gebet und die Vergebung der Sünden durch das Blut Jesu Christi durch Gottes Gnade. Der Treibstoff besteht aus Güte, Verständnis, Hoffnung, Zuversicht, Vertrauen und Liebe.

Jordanien, ein Land der Gegensätze

Sechs Tage Jordanien. Viel werde ich zu sehen bekommen. Alles wofür sich Touristen interessieren. Antike Städte, Burgen, Festungen. Diese Ausgrabungsorte ähneln sich alle und nach ein paar Tagen weiß ich nicht mehr, was ich wann und wo gesehen habe. So viele Eindrücke in relativ kurzer Zeit. Ich staune darüber, wie die Menschen vor einigen tausend Jahren solche Gebäude errichten konnten, mit einfachen Werkzeugen. Es ist schon sehr beeindruckend.

Den Jordan sehe ich, dort wo Johannes der Täufer tätig war. Hier ungefähr hat Jesus sich taufen lassen. Der Jordan ist an dieser Stelle so schmal wie ein Fehnkanal und dreckig. Diesen Fluss habe ich mir viel größer vorgestellt. Er verliert von Jahr zu Jahr mehr Wasser, weil Israel und Jordanien ihren Wasserbedarf aus dem Jordan schöpfen. Ich stehe auf dem Berg Nebo, dort, wo Moses das gelobte Land erblickte. Bade im toten Meer und schwärme vom Roten Meer, das durchsichtig und grün in der Sonne schimmert. Nur schwer kann ich mich von diesem Anblick trennen. Fasziniert bin ich auch von der roten Sandwüste mit den ungewöhnlich geformten Felsen. Es ist toll, mit dem Jeep durch die Landschaft zu sausen und sich den kühlen Wüstenwind um die Nase wehen zu lassen. Wie herrlich schmeckt mir der süße Tee aus Wüstenkräutern, den wir bei unserem Halt zu trinken bekommen. Wir sitzen im Zelt aus Ziegenhaar gewebt, auf einfachen Matratzen und lassen es uns wohl ergehen. Es ist mir unmöglich, alles zu erzählen, was ich gesehen habe. Es würde ein Buch füllen.

Im Reisebus fahre ich in diesen Tagen oft an Berghängen vorbei an denen Ziegen - und Schafherden grasen. Grasen sie? Eigentlich sehe ich nur Sand und Steine und etwas vertrocknetes Gestrüpp. Doch die Tiere haben die Nasen am Boden, es sieht aus, als ob sie fressen. Ein Hirte döst unter einem kargen Strauch. Weiter geht die Fahrt, an kleinen Häusern vorbei, die mich an Silolager erinnern, die wir früher hinterm Haus stehen hatten. Kaum vorstellbar, das darin Menschen leben, doch der Müll, der überall gegenwärtig ist, belehrt mich eines Besseren. Gerade noch Armut pur, stehen dort schöne Häuser, die sicher eine Stange Geld gekostet haben, doch drum herum nichts als kahler Boden. Kein Grün ist zu sehen an diesem Ort, nichts, was das Herz erfreut.

Städte mit Hochhäusern, Moscheen, Kirchen und sogar ein beleuchtetes Mac Donalds Schild sticht mir in die Augen. Männer sitzen in altersschwachen Sesseln vor ihren Häusern und rauchen ihre Wasserpfeife.

Dann ist da die Wüste und mitten drin stehen einige Zelte. Ob es Beduinen oder Nomaden sind kann ich nicht erkennen. Doch was ist das? Ich kann mir das Lachen nicht verkneifen. Vor dem Zelt steht eine Parabolantenne. Also sind sie nicht von der Welt abgeschieden. Fernsehen ist möglich!

In diesem Land gibt es viele Berge. Es ist ein Anblick, der mir den Atem stocken lässt. Wunderschön und majestätisch ragen sie empor. Welch ein großartiger Bildhauer unser Gott doch ist. Welche Form - und Farbenpracht. Ich kann es nicht beschreiben, so etwas muss man selber gesehen haben. Ich stelle mir Jesus vor, wie er auf den Bergen gepredigt hat und die Menschen saßen an den Berghängen und hörten ihm zu. Welch beschwerliche Wege musste er auf sich nehmen, wenn er von einem Ort zum anderen reiste. Hier in der Einsamkeit, hat sich in den letzten zweitausend Jahren sicher wenig verändert.

Das Jordantal ist fruchtbar. Hier sieht man kilometerweit Gewächshäuser. Dort wird alles angebaut, was der Mensch zum Leben braucht . Viele Olivenhaine gibt es hier, Dattelplantagen und vieles mehr.

In Aqaba am roten Meer ist die Landschaft herrlich. Man merkt, das Wasser vorhanden ist. Überall sieht man Palmen und auf einmal hört man Vogel zwitschern. Die ganze Umgebung ist auf Tourismus eingestellt. Viele riesige Hotels entstehen hier. Wenn ich es mir recht überlege, ist ganz Jordanien eine riesige Baustelle.

Weil die Grundstückspreise sehr hoch sind, werden hier die Häuser nach oben hin erweitert. Viele Häuser haben ein, zwei Stockwerke und oben ragen Pfeiler mit Stahlstangen aus den Dächern, so das bei Bedarf einfach weitergebaut werden kann, während das Haus im den unteren Etagen bewohnt ist.

Jordanien besteht zu einem großen Teil aus Wüste und Wasser ist Mangelware. Das wird uns bewusst, wenn wir die Toiletten benutzen. Die sanitären Anlagen sind fast im ganzen Land eine Katastrophe . Welch eine Wohltat ist es, wenn eine Wasserspülung mal richtig funktioniert.

Die Menschen hier sind uns gegenüber sehr freundlich. Es sind keine Fanatiker in meinen Augen, sondern liebenswerte Menschen, die einen anderen Glauben haben wie wir, den sie sehr ernst nehmen. Sie winken uns zu und suchen das Gespräch. Gerne lassen sie sich auch mit uns fotografieren. Wir begegnen jordanischen Mädchen, die einen Schulausflug machen. Sie sind besonders anhänglich. Ich genieße ihre fröhliche Ausgelassenheit. Sie schreien ihre gute Laune lauthals heraus, johlen und singen, dass mir die Ohren klingen. Immer wieder werde ich nach meinem Namen gefragt und sie lachen sich schief, wenn ich ihre Namen falsch ausspreche. Ich habe nicht den Eindruck, dass diese reizenden Mädchen unterdrückt werden. Sie werden mir immer in lieber Erinnerung bleiben. In den Hotels sieht man nur männliche Bedienstete. Im Restaurant sind viel mehr Kellner beschäftigt, wie in deutschen Gaststätten. Manche Frauen, die uns in den Straßen begegnen, sind europäisch gekleidet. Viele tragen Kopftücher und einige sind ganz verschleiert. Nur ein Sehschlitz für die Augen ist vorhanden. Der größte Teil der Bevölkerung besteht aus Moslems, doch werden Christen geduldet. Missionsarbeit ist jedoch nicht möglich, obwohl unser Reiseleiter immer wieder betont, das Religionsfreiheit herrscht. Ich kann mir kein Urteil erlauben, dazu war ich zu kurz in diesem Land. Doch eines weiß ich genau, hätte ich die Gelegenheit, würde ich nicht zögern für einige Wochen hierher zurück zu kommen.

Ein ungewöhnlicher Gottesdienst

Sie sitzt in der Kirchenbank und eine Welle von Geborgenheit geht von ihr aus. Ich sehe sie an. Sie ist schön! Viele Falten und Fältchen ummalen Augen, Mund und Nase. Wie spitzbübisch sie ausschaut. Zugleich kindlich und weise. Wie alt mag sie sein? Siebzig oder achtzig Jahre? Hier ist von Jugendwahn keine Spur. Ruhe geht von diesem Gesicht aus. Es ist, als würde es von innen heraus glänzen. Als wäre ein Licht in ihr verborgen, das sich seinen Weg durch ihre Augen ins Freie bahnt.. Sie wirkt nicht gebrechlich, eher schwungvoll, voller Elan.

Jedes Fältchen steht für eine Zeitspanne ihres Lebens. Die Augen lachen fröhlich in die Welt und die Lachfältchen rahmen sie ein. Doch da sind tiefe Furchen in ihrem Gesicht. Sie sprechen eine andere Sprache. Leid und Trauer blieben dieser Frau nicht erspart. Doch gerade das hat sie geprägt. Da sind noch Spuren des letzten Krieges. Da ist ein Mann, der nicht mehr an ihrer Seite geht. Wenn diese Falten reden könnten, sie hätten viel zu erzählen. Sie würden von DEM erzählen, der sie gezeichnet hat, von ihrem Schöpfer. Und die Frau würde dazu lächeln und sagen: „Wo die Last zu schwer war, da hat ER mich getragen."

Die Predigt heute kommt aus einem lieben, kleinen und schönen Gesicht und ich bin erfüllt von ihrer Aussagekraft. Gerührt nehme ich das unbekannte, überraschte Frauchen in die Arme und wünsche ihr einen gesegneten Sonntag.

Beschirmt

Regen - oder Sonnenschirm?
Das ist jetzt oft die Frage.
Mein HERR beschirmt mich alle Zeit,
an trüb´ und hellem Tagen.

Ich bin bewahrt in seiner Hut
am Abend und am Morgen.
Weil er mein guter Vater ist,
brauch´ ich mich nicht zu sorgen.

Stimmungen

Wie... ein winziger Stein im Schuh,
ein Dorn im kleinen Finger,
eine Drossel auf meinem Saatbeet,
Ärger, so kamst du!

Wie.... Zugluft durch Fensterritzen,
einen knurrenden Hund vor der Tür,
dieses elende Ziepen im Ohr,
hab ich dich, Groll, in mir sitzen.

Wie... ein Schmetterling im Wind,
Limonade bei Durst,
kommst du, Liebe, geflogen,
nimmst den Frust mir geschwind.

Wie... ein winziger Stein im Schuh,
ein Dorn im kleinen Finger,
eine Drossel auf meinem Saatbeet,
Ärger, so kamst du!
Du kamst und hast mir gesagt:
„Du kannst noch empfinden."

Wie.... Zugluft durch Fensterritzen,
einen knurrenden Hund vor der Tür,
dieses elende Ziepen im Ohr,
hab ich dich, Groll, in mir sitzen.
Du sitzt da und sagst:
„Du hast noch Emotionen"

Wie... ein Schmetterling im Wind,
Limonade bei Durst,
kommst du, Liebe, geflogen,
nimmst den Frust mir geschwind.
Du lachst mich an und sagst:
„Das ist das Leben!"

In seiner Hut

Ich hab mich aufgerieben
an Dingen mancherlei.
Meinte, ich müsse sorgen,
egal, was es auch sei.

Das Kreuz ist meine Zuflucht,
dort ruhe ich mich aus.
An Jesu Christi Herzen
fühle ich mich zu Haus´.

Ich nehme meinen Spaten,
grab´ die Belastung ein.
Möchte nicht gerne selber
unter ihr begraben sein.

Nun bin ich geborgen
in des Heilands Hut.
Er will sich um mich kümmern.
Bei Ihm geht es mir gut.

Zeitverschwender

Herr, ich bin ein Zeitverschwender.
Dabei ist jede Minute kostbar und nicht zurück zu holen.
Den heutigen Tag nehme ich aus deiner Hand.
Du weißt, was auf meinem Plan steht.
Herr, teile du meine Zeit so ein,
dass du darin vorkommst.
Gehe du voran und ebne den Weg.
Rüste du mich aus für diesen Tag.
Gib mir die richtigen Worte, damit ich
Zeugnis ablegen kann, für dich.
Lege mir dafür deine Worte in meinen Mund.
Danke, dass du mich hörst und erhörst.
Ich vertraue auf dich.

Das Leben wurde mir gegeben

Das Leben wurde mir gegeben
vom Schöpfer aller Dinge.
Eltern und vier Geschwister.
Die Bibel, dass mein Leben gelinge.

Opa und Oma gab er mir,
ich, ein Geschenk für sie.
Bekam auch einen alten Hund.
Meinen Menni vergesse ich nie.

Dann gab Gott mir Freunde,
die teilten Freud und Leid.
Und den rechten Ehemann.
Alles zu seiner Zeit.

Auch alle meine Kinder
waren eine Leihgabe von dem Herrn.
Und dann die Enkelkinder,
ich hab sie alle gern.

Die Zeit verging im Fluge,
der Tod hielt Einzug hier.
So viele meiner Lieben,
die nahm er wieder mir.

Auch mein eigenes Leben
bekommt Gott einst zurück.
Dass ich dann bei ihm im Himmel bin,
empfinde ich als Glück.

Lebe dein Leben

Ein Leben ist eine lange Zeit?
Weißt du, wie viel dir hier noch bleibt?
Lebe dein Leben ohne Reue.
Halte deinem Herrn die Treue.
Geht dein Lebenslichtlein aus,
lauf du vergnügt zum Vaterhaus.

Der Tod hat nicht das letzte Wort,
der Himmel ist dein Heimatort.
Und auch wenn andre um dich trauern,
wirst den Entschluss du nicht bedauern!

Überlebt

Am 5. März 1979 saß ich nach einen Frontalzusammenstoß mit einem Bus, in einem zerquetschten Ford Taunus. Jung verheiratet, schwer verletzt und drei kleine Kinder zu Hause. Die Leute fragten sich; "Wie soll das weitergehen?", denn sie hatten wenig Hoffnung, dass ich diesen Unfall überlebe.

In dieser Zeit im Krankenhaus, da habe ich erlebt, Gott lässt mich nicht allein...

Ich konnte alles abgeben. Meinen Mann, meine Kinder... Ich war mir sicher, Jesus würde dafür sorgen, dass es ihnen gut geht. Er hatte sie ja lieb. Eine große Ruhe zog in mein Herz. Ich hatte die Gewissheit, dass ich geborgen bin, auch über den Tod hinaus. Ja, bei dem höchsten Gott fand ich Zuflucht. Dort war keine Unrast. Dort war keine Angst. Nein, nur tiefer Friede war dort! Und zu dem Frieden gab ER mir meine Gesundheit zurück!

Angst

Kennst du die Angst,
die das Herz umklammert?
Erbarmungslos hält sie dich fest!
Schnürt die Kehle, drückt den Magen,
hält dich gefangen , gibt dir den Rest.

Womit die Angst
dich quälen möchte,
welch große Pein sie ausgedacht,
sie sagt es nicht, wispert nur leise.
Ein Rätsel, von der Angst gemacht.

Lass´ dich nicht fangen,
kämpfe dagegen!
Sie soll über dich nicht Sieger sein!
Nimm Jesu Hände, flehe um Hilfe!
Er kann dir helfen! Er allein!

Er macht dich frei

Heute geht mir durch den Sinn,
das ich Gottes Sprachrohr bin.

ER verlieh mir diese Gabe,
die ich von ihm empfangen habe,
um den Menschen zu verkünden,
Jesus Christ macht frei von Sünden.

Bist von Krankheit du befallen,
fühlst dich in der Dunkelheit?
Jesus hat dich längst gesehen.
Mach zur Umkehr dich bereit!

Wie ich einst in größten Ängsten
keinen Sinn im Leben sah.
War ER längst in meiner Nähe,
war ER längst schon für mich da.

Heute dank ich IHM von Herzen,

das ER mich durch´s Dunkel trug.

Seine Liebe ist die größte!

ER ist da, das ist genug.

Gedanken

Gedanken, wie die Schmetterlinge,
flattern im Hirn hin und her.
Will man sie fangen, fliegen sie fort.
Im Kopf ist es dumpf und leer.

Gedanken, wie ein zäher Schleim,
legen sich auf uns, wie Blei.
Breitet man betend die Sorgen aus,
macht Gott den Kopf wieder frei.

Gedanken, die vom Vater kommen,
zeigen Wege zum Licht.
Geht man in diese Richtung,
gibt er die Kraft, die nicht bricht.

Gedanken, voller Liebe und Dank,
füllen dann das Herz.
Der Vater hat uns froh gemacht!
Wir schauen himmelwärts!

Gürtelrose

Die Gürtelrose
Ich trage eine Rose.
Ich trag sie voller Pein.
Doch weil du Herr sie zulässt,
soll es wohl so sein.

Sie nimmt die Luft zum Atmen.
Schmerz zeichnet mein Gesicht.
Du willst, dass ich sie trage,
drum wehre ich mich nicht.

Die Rose hat viel Dornen
und sie verletzen mich.
Die Haut, sie brennt wie Feuer;
erinnert ans Gericht.

Erinnert an die Liebe,
die Du zu mir gebracht.
Am Kreuz gabst Du Dein Leben
und hast mich heil gemacht.

Ich trag die Gürtelrose

nur eine kurze Zeit.

Doch Deine Retterliebe

trägt mich in Ewigkeit.

In die Jahre gekommen

Sie seufzt im stillen Kämmerlein,
würde gerne noch mal begehrenswert sein.
Den Liebsten betören mit weiblichen Reizen,
auch mit Körpereinsatz nicht geizen.

Doch die Jahre ließen die Brüste erschlaffen,
auch die Beweglichkeit macht ihr zu schaffen.
Akrobatiknummern bringt sie nicht mehr.
Ach -----, es ist so lang schon her.

Auch an ihm ging das Leben nicht spurlos vorbei,
viel Arbeit und Krankheit waren dabei.
Die Kräfte schwanden, der Bauch nahm zu,
oft schläft er im Sessel, braucht seine Ruh.

Die Frau lächelt milde, streicht sich über das Haar,
schiebt zur Seite die Zeit, die früher mal war.
Kehrt in die Stube zum Liebsten zurück,
ihr Herz schäumt über vor Liebe und Glück.

Rubinhochzeit 40 Jahre

Ruhig war sie nicht, unsere Ehe
Und
Bei weitem nicht Langweilig.
Immer waren Sorgen da
Nur warst Du Gott stets an unserer Seite.
HERR
Ohne DICH und JESUS
CHRISTUS
Hätten wir es vielleicht nicht geschafft.
Zeiten der Not und
Eine Welle der Trauer überschwemmte uns.
Immer aber warst DU da um uns zu
Trösten und unserer Ehe Halt zu geben.

Danke!

Liebe wie Karfunkelstein

„Bist mir wieder im Kopf gewesen?"
Du schaut mich an mit finsterem Blick.
„Sollst doch nicht ständig in mir lesen!"
Schelmisch zwinker ich zurück.

Wir beide sind so grundverschieden
und doch einander so vertraut,
obwohl wir uns auch häufig necken,
jeder voll Liebe auf den Andern schaut.

Beim Essen willst du Händchenhalten,
kriege die Gabel nicht zum Mund.
„Mäuschen, du musst erst mal pusten,
zu Heißes das ist ungesund!"

Beim Frühstück wir „Sudokurieren",
es ist ein Wettlauf mit der Zeit.
Kann ich dich dabei übertrumpfen,
fühl´ ich mich mehr als nur gescheit.

Mein Schatz, wie kann es nur geschehen,

dass wir so lange schon ein Paar

und nichts und niemand uns entzweite

in ganze zweiundvierzig Jahr´?

Einsam

So weit fort, kann es nicht fassen.
Liebe vertraut, will nicht verlassen.
Überwindet tausend Meilen,
doch in der Seele, dieser Schmerz.
Ohne ein paar Liebeszeilen,
Trauer frisst das Herz.

Zukunft bringst du ihn zurück,
den ich hab´ verloren?
Sterb vor Sehnsucht,
Stück für Stück.
Werd ich neugeboren?

Ach wie hilflos und verletzlich
ist das Herz, von Kummer voll.
Du bist fort und ich weiß plötzlich
nicht, wofür ich leben soll.

Du kommst heim

Bist so weit weg von mir,
mein Liebling, du mein Licht.
Zum Reden hab ich manchen,
zum Lieben leider nicht.

Vermisse deine Stimme
die Hände, deinen Mund.
Wenn du nicht in der Nähe bist
fühl ich mich nicht gesund.

Ich sitze hier und warte,
das Herz es klopft wie wild.
Gleich kommst du nach Hause.
Die Sehnsucht wird gestillt.

Späte Liebe

Kleine Amsel, wie vertraut klingt
deine feine Liebesweise.
Und mein Herz schwingt voll Bedacht
und singt mit ganz leise.

Töne wecken Liebesglück
der vergangnen Stunden,
wo ganz zart in seinem Arm,
ich die Lieb´ gefunden.

Späte Liebe ohne Eile
voll Gefühl und ganz entspannt.
Schmeckte seine feuchten Lippen.
Küsste seine raue Hand.

So viele Jahre schon zusammen,
gehalten hat uns Gott, der Herr.
Er ist die Mitte unsrer Ehe,
dafür danken wir ihm sehr!

Romantische Mondnacht

Wir sitzen im Garten,
die Uhr zeigt halb Vier.
Geborgenheit, Frieden,
finden wir hier.

Fest an dich gekuschelt
so lausche ich sacht
dem Klang der Natur,
die vom Schlafe erwacht.

Der Teichfilter gluckert,
der Mond zieht die Bahn,
mit samtenem Lächeln
schaut er uns an.

Erhellt uns die Umwelt
mit silbernem Licht.
Romantische Mondnacht,
verlass uns noch nicht.

Frühlingsluft

Zwei Räder unter mir,
so saus ich durch das Leben.
Radle hin zu dir!
Kann es etwas Schön`res geben?

Der Wind streift mir durchs Haar,
zerzaust die Lockenpracht.
Ich find es wunderbar,
weil´s einfach Freude macht.

Ich steh in Gottes Hut,
er will mich stets begleiten.
Ach Herr, wie hab ich´s gut!
Tust Freude mir bereiten.

Das Frühjahr erwacht

Sonne kommt mit ihrem Licht,
weckt die Blütenknospen.
Bienlein ist vom Schlaf erwacht
möchte Nektar kosten.

Man hört wieder Vogelsang
aus dem Wald erklingen.
Auf dem Feld hinter dem Haus,
Wildkannichen springen.

Regen fällt vom Himmelszelt.
Segen für die Erde.
Bringt auch linde Lüfte mit,
dass endlich Frühling werde.

Jungen Grün sprosst nun empor,
in Gärten und auf Beeten.
Jetzt werde auch ich aktiv.

Will nun Unkraut jäten.

Schaukeln

Jauchzen, singen, lachen, schwingen.

Hoch und runter, froh und munter.

Immer wieder auf und nieder.

Beine vor und dann zurück.

Schaukeln ist mein ganzes Glück!

Wie ein Vogel möcht ich fliegen,

kann davon genug nicht kriegen.

Durch die Lüfte, hei, huchee!

Rausgefallen --- das tut weh!

Blume Cosmea

Ich rahme dich Liebchen,
weil ich dich so mag.
Ich muss von dir schwärmen
bei Nacht und bei Tag.

Und weil ich von dir
so begeistert bin,
gehst du mir einfach
auch nicht aus dem Sinn.

Ich hole den Malblock,
die Stifte im Nu
und male dich Schöne
nur immerzu.

Buntstift und Kreide
zeichnen dich auf´s Papier
und in deiner Anmut

steckt ein Stückchen von mir.

Cosmea

Dein Name, eine Melodie,
viel mehr noch, eine Sinfonie
voll Schönheit und mit reinem Klang.
Cosmea, du bist ein Gesang,

der meine Seele linde streichelt
und wundersam mein Herz umschmeichelt.
Du schöne Blume lass mich loben,
DEN, der dich schuf, im Himmel droben.

Stille am See

Stille
umgibt mich
und ich
träume im Sonnenlicht
am See.
Sauge die Schönheit des Waldes
tief in mich ein.
Farben des frühen Herbstes
spiegeln sich
im sanft kräuselnden Wasser.
Dankbarkeit erfüllt
mein Inneres
und ein leises Gebet steigt

himmelwärts.

Wacht endlich auf

Hagel so scharf wie Granaten,
Regen der vieles ertränkt!
Strafe für unsere Taten,
von dem, der den Himmel lenkt.

Die Wissenschaft träumt von der Vollendung
des Menschen, ohne Fehler und Pein.
Der Genforscher hat keine Hemmung,
bald werden wir Roboter sein.

Der Mensch sortiert die Geschlechter
in Reagenzgläsern aus.
Die Eltern nehmen unter Gelächter,
ihr Wunschkind mit nach Haus!

Von Gott will man nichts mehr wissen:
„Er geht uns gar nichts an!
Wir haben ein reines Gewissen!
Was schert uns der alte Mann?"

Doch fällt der Hagel zur Erde
und schlägt erbarmungslos zu,
Dann schrei´n wir: " Wie soll das noch werden?
Ach Gott, gib´ doch endlich Ruh!"

Der Herrgott klopft uns auf die Finger,
wie ein Vater, dem unartigen Kind.
Seine Beherrschung wird immer geringer,
weil wir so verblendet noch sind.

Vielleicht kommt uns ja die Erkenntnis,
dass Gott der Schöpfer ist,
und bitten um Gnade und Verständnis,
im Namen des Herrn Jesus Christ!

Der Apfelbaum

Ein Bild aus Kindertagen
geht mir durch den Sinn.
Ein Blick vom Blumengarten
zum Apfelbäumchen hin.

Der Baum war arg verkrüppelt,
seit ewig langer Zeit
und wer ihn da so stehen sah,
dem tat das Bäumchen Leid.

Wurden die Tage kürzer
und der Herbst zog durch das Land.
Stand ich vorm Apfelbäumchen
mit ausgestreckter Hand.

Stibitzte einen Apfel
für mich als Pausenbrot.
Er tat mir so gefallen,
mit Bäckchen rosenrot.

Der Baum, er musste weichen,
man wollte ihn nicht mehr.
Es brach als Kind, mir fast das Herz,
ich liebte ihn so sehr.

Das Leben es geht weiter.
Ich werde langsam grau.
Doch das die Äpfel lecker waren,
weiß ich noch genau.

Ich pfeife drauf

Unter meinem Regenschirm
hör ich ein fröhlich Klopfen.
Vom Himmel tanzen um mich her,
viel tausend Regentropfen.
Sie springen mir in meinen Schuh
und nässen meine Socken.
Ich pfeif ein kleines Lied dazu
und fang´ an zu frohlocken.

Heut geht´s in die Natur hinaus.

Heut geht´s in die Natur hinaus.
Wer sitzt schon gerne nur zu Haus?
Drum wandern wir jetzt durch den Wald,
wo manches Vogellied erschallt.

Muss meinen Rucksack untersuchen,
schleppe zu viel Butterkuchen.
Mein Gatte, der läuft ganz beschwingt
und dabei er ein Liedchen singt.

Der Fiffi streunt um mich herum,
nimmt mir das langsam Laufen krumm.
Am Wegesrand ein Blümlein sprießt,
dass pflichtbewusst er gleich begießt.

Die Sonne scheint auf uns herab,
das kann ich überhaupt nicht ab.
Die Füße schwellen langsam an
sodass ich nicht mehr laufen kann.

Die Tränen kullern übers Kinn,
nach Lachen steht mir nicht der Sinn.
Bin am jammern und am klagen.
Der Ausflug schlägt mir auf den Magen.

Jetzt wird erst einmal Rast gemacht,
hab ja zu Essen mitgebracht.
Der Tee benetzt die trockne Kehle
ist Labsal für betrübte Seele.

Spült Traurigkeit und Gram hinunter.
So langsam werde ich nun munter.
Heut ging´s in die Natur hinaus.
Ich freue mich auf mein Zuhaus!

Lustige Wandersleute

Ja, wer kommt denn da gelaufen
in der frühen Morgenstund?
Fidi, Anne, Grete, Heini
finden, Wandern ist gesund.

Heini quält die Quetschkommode,
es erklingt manch frohes Lied.
Keiner lässt es sich hier nehmen,
alle singen freudig mit.

Und so ziehn sie ihre Straße,
wohin er wohl führen mag?
Ganz egal, wo er auch hin geht,
sicher wird´s ein schöner Tag.

Wildgänse ziehen

Und wieder einmal drängt es sie,
nach Süden aufzubrechen.
Und während sie vorüber ziehen,
hör ich sie lauthals „sprechen".

Mein kleiner Hund ist irritiert
und bellt es ihnen zu:
„Ihr dummen Schnattergänse ihr,
seid still, ich will hier Ruh!"

Sie aber ziehen ihre Bahn
und lassen sich nicht stören.
Wollen den Krakeler hier,
da oben auch nicht hören.

Wehmütig schau ich ihnen nach,
wie sie sich neu formieren

und langsam dann am Horizont

allmählich sich verlieren.

Oktobergedanken

Die Tage sind kleiner geworden
mit dunklen Zipfeln am Anfang und Ende.
Kühl, die Nase im Morgenwind,
Hornissen träge werden.

Blumen erblühen in Farbenpracht.
Die Bäume schminken sich,
das Blätterwerk schimmert
in braun-buntem Ton.

Spinnweben funkeln Tau benetzt
und feucht im Sonnenlicht.
Fliegen haben sich verfangen,
gehen summend in den Tod .

Der Herbst schreitet nun daher,
Nebelschwaden ziehen.
Ich bastle einen kleinen Zoo
aus Kastanien, Bucheckern und Eicheln.

Die Tage sind kleiner geworden
mit dunklen Zipfeln am Anfang und Ende.
Ich nehme diese schöne Zeit
aus Gottes Vaterhänden.

Rauhreifbäume

Eisumkrustet
stehen sie still und starr
in leicht umnebelter Landschaft.

Winteridyll

Schneeglöckchen

Über Nacht hat´s
Schneeglöckchen sich gereckt
und sein Näschen gen
Himmel gestreckt.
Es wispert leise: "Es ist wahr,
bald schon ist der Frühling da!"

Kleiner Vogel Hoffnung

In Eis und Schnee da leben wir,
die Herzen bitterkalt.
Und grau in grau der Himmel ist.
Wir sehnen uns nach blau.
Wir sehnen uns nach Frühling,
nach Sommer hell und warm.
Wo ist der Vogel Hoffnung?
Hat er mit uns Erbarmen?
Der Lebensbaum zeigt Zweige,
erst kahl, dann grün, dann bunt.
Die Sonne zeigt ihr Lächeln.
Macht kaltes Herz gesund.
Der kleine Vogel Hoffnung,
er singt von großer Freud!
"Vertraut auf Jesus Christus
in jeder Jahreszeit."

Reich beschenkt

Reich beschenkt durch DEINEN Geist,
zeigst DU uns Wege an.
Nimmst uns die Angst die noch beklemmt
Auf unsrer Lebensbahn.

DU gibst uns wieder Lebensmut
es grünt der Hoffnungskeim.
Getrost dürfen wir weiter gehn.
DU lässt uns nicht allein.

Vom Herzen steigt ein Lied empor:
Lobehret unsern Gott,
dem Sieger über allem Leid,

dem Helfer in der Not!

Ich bin gewiss

Gott lässt uns nicht allein.
Durch seinen Geist
will er uns immer nahe sein.
Drum dank ich ihm
in Christi Namen

für seine große Treue .

Amen

Mein Vater

Ein Mensch meinte,
mein Vater sei positive Energie.
Energie kann ich nicht lieben,
weiß einfach nicht wie?

Mein Vater ist herrlich,
allmächtig und groß,
doch nimmt er mich Krümel
auch auf seinen Schoß.

Ist Herr über Leben,
auch über den Tod,
kennt all meine Sorgen,
die innere Not.

Mit ihm kann ich gehen,
wohin es auch geht.
Ich weiß, dass mein Vater
zur Seite mir steht.

Gott Vater durch Christus
bin ich ganz dein.
Möchte niemals woanders
verankert sein.

Sorgenkoffer / Glaubensschirm

Den Koffer voller Sorgen
schleppe ich mit mir rum.
Sind viele Stolpersteine drin,
hebe sie auf, - warum?

Viel besser ist´s, ich geh zum Kreuz,
lade den Koffer aus.
Nehme dafür den Glaubensschirm
befreit dann mit nach Haus.

Gemach

Immer gemächlich, weg mit der Gier.

Lasse es fließen, so sage ich mir.

Spitze den Bleistift, bewahre die Ruh´,

irgendwann fallen neue Wörter mir zu.

Dann ist die Zeit, sie in Reime zu fassen,

nur jetzt ---- sollte ich es bleiben lassen.

Festtagsgedichte

Weihnachtszeit / Ostern / Pfingsten

Advent

Nun ist es soweit,
jetzt kommt die weihnachtliche Zeit.
Man bastelt sich Adventsgestecke
mit Zweigen von Nadelbaum- und Hecke.

In den Häusern riecht es nach Kerzen
und selbstgebackenen Lebkuchenherzen.
Bratäpfel verströmen herrlichen Duft.
Heimlichkeit liegt in der Luft...

Auch viele Weihnachtsfeiern stehen an,
mit Schmunzelgeschichten und Weihnachtsmann.
Mit gutem Essen, Kaffee und auch Wein,
beim geselligen Beisammen sein.

Christen warten auf den Herrn Jesus Christ,
der für sie Heiland und Retter ist.
Heiligabend denken sie daran,
dass er als Gottesgeschenk auf die Erde kam.

Nun ist es soweit,

jetzt kommt die weihnachtliche Zeit.

Man singt die schönen alten Lieder:

Advent, Advent, und, Alle Jahre wieder...

©Sabine Brauer

Mein Advent

Ich geh durch die Straßen
der Stadt im Dezember
und suche die Liebe,
die echt ist und rein.
Es dudeln die Lieder
der christlichen Weihnacht
und in dem Gewühl
fühle ich mich allein.

Kunstvoll geschmückte
künstliche Tannen,
erstrahlen im kalten
künstlichen Licht.
Gekünstelte Freude
in kunstvoller Mimik.
Doch Wahrheit und Wärme,
die finde ich nicht.

Ganz leise verhalten,
vernehm ich ein Singen,
es tönt aus dem Innern
des Herzens in mir.
Hier wirst DU geboren
und ich bin geborgen
in Wahrheit und Liebe
und Wärme von Dir.

Weihnacht in den Straßen

Lichter in den Straßen,
Glühwein, Mandelkern,
Zuckerzeug und Weihnachtsmarkt
haben Menschen gern.
Kinderaugen leuchten,
Herzen werden weit.
Glockenschlag vom Kirchenturm...
jetzt ist´s Weihnachtszeit.
Kindlein in der Krippe,
zieh mir im Herzen ein.
Lasse es dort drinnen

Weihnachten auch sein.

Weihnachtszeit,

das heißt heut hetzen, jagen,
Einkaufshäuser, Päckchen tragen.
Lichterglanz und Plätzchen backen.
Ach, die Zeit sitzt uns im Nacken.
Christkindlmarkt und Weihnachtsmann,
das törnt die Menschen heute an.
Ein Lied erklinget: "Freue dich!"
- In den Gesichtern sieht man´s nicht!

Kind in der Krippe, nur ein Scherz?
Ein Fest, das reich macht den Kommerz?
Wer weiß denn noch, was da geschah,
als Maria ihren Sohn gebar?
Kinder, die schon alles haben,
sich nicht freuen an den Gaben,
die man für sie hat erworben!
Ist die Freude schon gestorben?

Ach, ruft es in die Welt hinaus,

tragt es hinein in jedes Haus,

dass Jesus zu uns kommen will.

Jetzt haltet inne, haltet still!

Gott möchte sich in euch versenken

und seinen heil´gen Sohn euch schenken.

Alle, die ihr seid verloren,

die hat der HERR sich auserkoren.

ER liebt euch so und möchte geben,

jedem von euch ew`ges Leben.

Kommt wie ihr seid, IHM ist es recht,

keiner ist für IHN zu schlecht!

So kommt zurück, noch ist es Zeit,

der Weg zu IHM ist gar nicht weit!

ER macht für euch sich winzig klein.

ER will ja euer Heiland sein!"

Wir feiern Advent

Vier Wochen Kerzenschein, Geschichten, Lieder, Plätzchen,
Apfelsinen, Nüsse, Behaglichkeit, wenn wir es in der Hektik
dieser Zeit dazu kommen lassen.
Doch was bedeutet Advent für uns? Wir leben in der
Zwischenzeit. Zwischen Geburt und Wiederkunft Christi.
Voll Dankbarkeit denken wir daran, was Gott uns mit Jesus bei
seiner Geburt geschenkt hat. Das Heil dieser Welt. Jesus kommt
als hilfloses Kind aus dem wunderbaren Himmel auf unsere kalte
herzlose Erde um die Menschen zu retten. Doch bleiben wir nicht
beim Kind in der Krippe stehen. Gottes Geschichte mit uns geht
ja weiter. Wir lernen Gott durch Jesu kennen. Jesus erzählt uns in
Gleichnissen von der Liebe des Vaters zu uns Menschen. Er
möchte, dass wir zu Gott umkehren. Nur durch Jesus ist dies
möglich, denn er sagt, dass er der Weg, die Wahrheit und das
Leben ist, und niemand zum Vater kommt, als nur durch Ihn.
Dass können wir bei Johannes 14,6 in der Bibel nachlesen.
Und er geht den schweren Weg ans Kreuz, nimmt unsere Sünden
auf sich.
 Stirbt!... Alles umsonst? All das Leiden aus Liebe zu uns?
Die Schläge, die Verleumdungen? AUS? VORBEI?

Nein, Gott weckt seinen geliebten Sohn aus dem Todesschlaf und gibt ihm neues unvergängliches Leben. Und jedem Menschen, der dies im Glauben annehmen kann und sich zu Jesus bekennt, will Gott auch unvergängliches Leben schenken und ihn als sein Kind annehmen. .

Nachdem unser Heiland seinen Auftrag hier auf Erden erfüllt hat, fährt er auf zum Himmel. Doch lässt er uns nicht allein zurück. Er schickt seinen heiligen Geist. Durch ihn kann jeder Mensch auf Erden, wenn er denn will, Gemeinschaft mit Gott und Jesus Christus haben.

Wir leben in der Zwischenzeit. Jesus hat versprochen, dass er zurück kommt und all die Seinen zu sich holt mit Macht und Herrlichkeit. Advent heißt Ankunft. Wir warten auf den Herrn, der in Macht kommt, zu richten, die Lebenden und die Toten. So klingt es auch in dem Lied, Mach hoch die Tür, an. Es kommt der Herr, der Herrlichkeit. Der auferstandene Herr wird hier besungen. Ist uns das eigentlich klar? Komm, o mein Heiland, Jesus Christ, meins Herzenstür dir offen ist...

Und wenn er heute vor der Tür steht? Sind wir bereit?

Was ist wirklich wichtig?

Wem fiel dieses Märchen ein,
zur Weihnacht muss alles sauber sein,
In den Häusern sollen Kerzen erstrahlen,
man muss mit Weihnachtsplätzchen prahlen?

Dieses Jahr habe ich mir gedacht,
es wird nicht so viel Hektik gemacht.
Die Feiertage sollen Frieden schenken,
werde nicht an mich nur denken.

Den Sinn der Weihnacht möchte ich verstehn.
Zum Kind in der Krippe möchte ich gehn.
Es soll kein Weihnachtsstress mich stören,
dem Kind in der Krippe will ich gehören.

Weihnachtsstress

Heilig Abend! - Angespannt
kommt Mama durchs Haus gerannt.
Mit den Nerven ganz am Ende.
Flatterig sind ihre Hände.
Stille Nacht – die kennt sie nicht!
Puterrot ist ihr Gesicht.

Endlich ist der Abend da!
Mutti ist den Tränen nah.
Sie ist fahrig und nervös.
Vati guckt sie an so bös.
Schwester packt die Hausschuh aus,
dort fällt ein kleines Päckchen raus!

Für Mutter kommt die große Wende,
erleichtert klatscht sie in die Hände:
Ring und auch die Armbanduhr,
im Schuh versteckt sie, so seht doch nur!
Jetzt kann Mutti wieder lachen,
zu gut versteckt waren die Sachen!

Wie schön, dass sie jetzt daran denkt,

was Gott den Menschen einst geschenkt.

Sie erzählt von der Heiligen Nacht,

als die Engel den Hirten

die Botschaft gebracht.

Den Hirten war bang

und sie ängstigten sich,

doch die Engel sangen:

"Fürchtet euch nicht!"

Sie jubelten laut,

gaben Gott die Ehr,

weil den Menschen

der Retter geboren wär,

und sie kündeten von

dem himmlischen Kind,

das man im Stall in Windeln

in der Krippe findt.

Dass er unser aller Heiland ist,

der Sohn Gottes, Jesus Christ.

Weihnachten im Stall

Heute ist die Heil´ge Nacht
auch hier für euch im Stall.
Drum kriegt ihr noch ´nen Ballen Heu.
Weihnacht überall.

In eurer Nähe ist es warm.
So wohl wird´s mir ums Herz.
Im Stall kam unser Gott zur Welt.
Fürwahr, es ist kein Scherz.

Die Futterkrippe war sein Bett,
gefüllt mit Heu und Stroh.
Und wer ihn in der Krippe sah,
wurde von Herzen froh.

Drum kriegt ihr noch ´nen Ballen Heu
auch hier in diesem Stall.
Denn heute ist die Heil´ge Nacht.
Weihnacht überall.

Das Heil der Welt

Kannst du verstehn,
was Gott gemacht?
Sein heil´ger Sohn kam
nackt und klein,
in unsre böse Welt hinein
um dich und mich zu retten.

Ganz Mensch, ganz Gott,
begreifst du das?
Maria hat ihm in der Krippe
ein Bettchen gemacht
und die Engel haben den Hirten
die Botschaft gebracht:

Euch ist heute der
Heiland geboren!

Die Hirten, sie glaubten,

tust du es auch?

Sie rannten voll Freude

zum Stall sodann

und beteten den kleinen Jesus an.

Er ist ihr Heil geworden.

Der Strauß

Der Strauß hat grüne Zweige
und Blüten kräftig bunt.
Zwei goldfarbene Kugeln
tun Gottes Allmacht kund.

ER ist der HERR des Lebens.
ER schenkt uns neue Kraft,
wenn vom vielen Weinen
wir müde und abgeschlafft.

Die Farbenpracht des Straußes
erfreut mir mein Gemüt,
weil durch jede Blüte
die Liebe Gottes glüht.

Drum dank ich Gott von Herzen
für diesen schönen Strauß.
Er wird mein Heim verschönern.
Ein Blickfang für das Haus.

Die Freude an dem Strauße
sie währt nur kurze Zeit.
Die Treue meines Heilands
sie hält in Ewigkeit.

Silvester

Ein Gedicht für alle,
die sich davon angesprochen fühlen.
Soll zum Nachdenken anregen.

Der Aberglaube hat Hochkonjunktur,
ich denke mir: "Was soll das nur?"

Glücksklee, Schornsteinfeger
und Schwein,
sollen das eure
Glücksbringer sein?

Bleigießen, Kartenlegen,
die Sterne befragen,
Leute, schlägt euch das nicht
auf den Magen?

Letzte Woche habt ihr
das Christkind besungen,
weil er das Böse in der Welt

hat bezwungen.

Jetzt benehmt ihr euch
wie die Narren
und spannt Beelzebub
vor euren Karren.

Auf heidnische Bräuche
seid ihr ganz versessen!
Ich frag mich, habt ihr
Christus schon vergessen?

Der Rucksack

36 Stunden
bis zur Jahreswende,
nur eine Zahl, nicht mehr,
geht jetzt zu Ende. Und doch...

Der Rucksack!
Noch nicht gepackt!
Was nehme ich mit?
Will halten, behalten,
will sorgen, besorgen
von Heute zu Morgen.
Schnell raffen, nicht gaffen;
hinein, nur hinein,
die Wünsche, die Träume
bevor ich´s versäume,
es gibt kein zurück!...
36 Stunden
nach der Jahreswende,
nur eine Zahl, nicht mehr,
hat nun begonnen. Und doch...

Der Rucksack!

Noch vollgepackt!

Was nahm ich mit?

Wollt´ halten, behalten,

wollt´ sorgen, besorgen

vom gestern zum Morgen.

Pack aus... Angst und Leid,

Ärger und Streit, Neid und Gier...

Frieden finde ich HERR,

nur bei DIR!

Wo blieb die Zeit?

Dies Jahr hat nur mehr 90 Minuten.
Will ich noch etwas tun,
ja dann muss ich mich sputen.

Ein letztes Gedicht,
ein paar Gedanken
auf das Papier gebracht
und schon erklingen die Glocken.
Mitternacht.
Still geht das alte Jahr.

Das Jahr geht zu Ende

Wenn ein Jahr zu Ende geht,
das Neue schon im Hausflur steht,
dann fragst du manchmal nach dem Sinn:
"Das neue Jahr, wo bringt´s mich hin?
Wird der Trott so weiter gehn?
Werde ich ferne Länder sehn,
oder werd ich hier versauern
und die Vergangenheit betrauern?"
Ach Mensch, hör auf mit diesem Denken,
Gott möchte dir dies Jahr doch schenken.
Fülle es mit seiner Zeit.
Er ist bei dir, bist du bereit?

Das neue Jahr

Prall gefüllt, doch unbeschrieben,
gerade kommt es auf die Welt.
Heiß ersehnt, ein Hoffnungsträger,
für mehr Ruhm, Arbeit und Geld.

Sei willkommen, wir begrüßen
dich mit Sekt und Feuerwerk!
Komm, nun setz dich auf den Throne,
abgetreten ist der Zwerg!

Doch das Neue schaut verwundert
an, sich dieses Narrenspiel.
Und es schaut hinauf zum Himmel:
"Schöpfer, wird´s dir nicht zu viel?

Überall nur Machtgehabe,
jeder will der Erste sein,
skrupellos sind ihre Wege,
- alles machen sie allein - !

Hilf, das sich in mir vereinen
Freude und Bescheidenheit,
Güte und auch Nächstenliebe
Frieden und Barmherzigkeit.

Und wenn ich mein Amt erfüllt hab,
nimm mich dann zurück zu dir,
doch in jedem Herzen bleibe
ein Stück Erinnerung von mir!"

Brot fürs Leben

365 Tage sind mir dies Jahr gegeben
um sie zu füllen mit Brot fürs Leben.
Die Losungen auf leeren Magen,
kann ich immer gut vertragen.

Nehme mir ein paar Minuten Zeit
mit Gott zu reden. Bin bereit!
Beim Lesen lass ich mich nicht stören,
sonst kann ich Gottes Wort nicht hören.

Und im Gebet darf ich es wagen
dem Heiland Freud und Leid zu sagen.
Lass alles raus, was es auch sei.
Er hört mich an und macht mich frei.

Wer so mit Jesus Christus spricht,
vergisst das „Danke" sagen nicht.
Denn durch loben und auch danken
kann ich Kraft fürs Leben tanken.

365 Tage sind mir dies Jahr gegeben,

bewusst mit Jesus Christus zu leben.

So steh ich fest an jedem Tag,

was mir dies Jahr auch bringen mag.

Karfreitag

Tief gebeugt geh ich den Weg,
mir scheint, ganz ohne Licht.
Tief gebeugt geh ich bergan,
sehe die Sonne nicht.
Spüre den Schandpfahl auf dem Rücken,
so schwer wird mir der Gang.
Dieser Weg, er ist so dunkel,
so ohne Vogelsang.
Wo ist der helle Sonnenschein?
Wo die weite Welt?
Ist der dunkle Pfad vor mir,
denn alles, was jetzt zählt?

Tief gebeugt geh ich den Weg,
mir scheint, ganz ohne Licht.
Tief gebeugt geh ich bergan,
sehe die Sonne nicht.
Ich hör die Spötter, wie sie lachen,
spüre Spucke im Gesicht!
Was hab ich ihnen denn getan?
Warum halten sie Gericht?
Wo ist der helle Sonnenschein?
Wo die weite Welt?
Ist der dunkle Pfad vor mir,
denn alles, was jetzt zählt?

Tief gebeugt geh ich den Weg,
mir scheint, ganz ohne Licht.
Tief gebeugt geh ich bergan,
sehe die Sonne nicht.
Mein Vater macht die Augen zu,
hilft nicht in meinem Schmerz.
Fühle mich einsam, --- so allein ---!
So bang ist es mir um´s Herz.
Wo ist der helle Sonnenschein?
Wo die weite Welt?
Ist der dunkle Pfad vor mir,
denn alles, was jetzt zählt?

Liege hilflos auf dem Rücken,
--- die Pein ---, so groß die Last.
Sie nageln Hände und die Füße
an diesem Schandpfahl fest.
Der Kelch ging nicht an mir vorbei,
trink auch den letzten Schluck,
und hör sie lästern, Witze reißen.
Litt ich noch nicht genug?
Wo ist der helle Sonnenschein?
Wo die weite Welt?
Ist der dunkle Pfad vor mir,
denn alles, was jetzt zählt?

Hoch erhoben, dort am Pfahl,
sehe ich die Mutter stehn:
Johannes soll dein Sohn nun sein,
du musst mit ihm gehn.
Und du am Pfahl hier neben mir,
dir will ich es erzählen,
weil du mich hier verteidigt hast,
sollst du auch mit mir leben.
Ich bin der helle Sonnenschein,
für die verlor`ne Welt.
Für den, der ´s glaubt, bin ich der Weg.
Er wird ins Licht gestellt.

Gedanken zum Karfreitag

Ein Tag, dem kaum noch einer
Beachtung schenkt,
an dem der Christ
Jesu Leiden bedenkt.
Mancher möchte ihn
aus dem Kalender streichen.
Er ist sich selber genug,
sollte das nicht reichen?
Wozu braucht er
Vergebung vom Herrn?
Dieser Gedanke
ist ihm so fern.

Gott als
grausamer Folterknecht,
dies erscheint so vielen nicht recht.
Wozu lässt er den Sohn so leiden,
der Gedanke kann
in den Wahnsinn treiben.
Dass dieser Kreuzestod
für uns geschah,
halten viele einfach
nicht für wahr.

Auch ich kann es
nicht fassen,
dass Gott Jesus
so hat leiden lassen,
dass er für mich
am Kreuz dort hängt,
mir seine ganze Liebe schenkt.
Was dort geschieht,
wozu die Qual,
bedenke ich
beim Abendmahl.

Karfreitag und Ostern

Karfreitag und Ostern, mit dem Verstand nicht zu erfassen. Im Glauben annehmen und ein JA zu Gottes Wegen finden. Osterglück will sich
bei mir nicht einstellen. Leiden und Sterben für MICH, das macht mich betroffen. Dass dieser Weg so unumgänglich war, damit du und ich erlöst werden von Schuld, Angst und Not. EINER FÜR ALLE, hing er so schrecklich alleingelassen von allen, die drei Jahre lang seine Wegbegleiter waren, am Kreuz. Trat für uns ein, damit wir Vergebung im Himmel erfahren.

ER: "Unschuldig zum Tode verurteilt!"

Für uns gilt: "Freispruch!"

Spott und Hohn war das Letzte, was er zu hören bekam, von jenen, denen er so viel Gutes getan hatte. Er bat den Vater im Himmel um Vergebung für sie. Und er verschied.

Doch am Ostermorgen ist das Grab leer. Der Herr ist auferstanden.
Jesus lebt! Er hat den Tod überwunden. Wahrer Mensch und wahrer Gott,
Heiland und Erlöser, ihm gehört mein Herz. Jesus Christus

Ich bitte dich, reinige mich

Wie musstest du leiden, mein lieber Heiland - , und ich...? Wie schnell überschätze ich mich und mache dir Versprechungen, die ich nicht halten kann. Großspurig bekenne ich im Freundeskreis: "Wenn ich mich auch von Mann und Kindern trennen müsste, Jesus ist so tief in mir verwurzelt, ihn lasse ich nie los."

Doch wie verhalte ich mich im Alltag, wenn Menschen um mich sind,
die meinen Glauben an dich nicht teilen? Dann ergeht es mir oft wie Petrus in der Nacht, als du von ihm verraten wurdest... Ich möchte am liebsten vertuschen, dass du mein Herr bist. Was sollen die Leute denken,
wenn ich zugebe, zu dir zu gehören? Sie lachen und spotten doch über den Glauben an einen, der als Verbrecher verurteilt wurde. Sie schütteln die Köpfe und wundern sich. Oder es ist ihnen ganz einfach egal.
Sie wollen nichts mit dir zu tun haben. Ich weiß, eigentlich müsste ich reden, doch ich kriege die Zähne nicht auseinander. Dabei ist mein Leben nicht in Gefahr. Und dann sehe ich dich vor mir, dein liebevoller Blick ist auf mich gerichtet!

Und ich schäme mich maßlos - . Herr, kannst du mir noch einmal vergeben? Du hast so viel für mich getan. Jeder Hammerschlag der die Nägel durch dein Fleisch trieb, galt mir. Den Spott und den Hohn nahmst du auf dich, für mich! Wenn ich nicht immer wieder deine Vergebung erfahren würde, ich wäre verloren. Um deines heiligen Namens Willen, vergib mir. Sieh meine Verfehlungen nicht länger an. Ich bitte dich, reinige mich!

Auferstanden ist der Herr

Herr Jesus Christ, als ich bedacht,
dass meine Sünde dich ans Kreuz gebracht!
Da konnte ich nur anbetend stehn
und in dein leidend Antlitz sehn.

Dein Herz, o, Heiland, dort zerbricht
und ich muss nicht in das Gericht.
Wie hast du doch mit mir Geduld.
Sprichst mich ja frei von aller Schuld.

Dankbare Freude quillt hervor!
Ich singe mit dem Lobpreis - Chor:
Das Kreuz ist leer, das Kreuz ist leer!
Auferstanden ist der Herr!

Das Grab ist leer, so singe ich,
Mein Jesus, o, wie liebst du mich!
Du bist erstanden von dem Tod,
und nimmst mich an, mein Herr und Gott!

Die Freude

Die Freude heute Funken schlägt,
und sie zu meinem Nächsten trägt.
ein Korb voll bunter Ostereier,
makellos und wunderschön.

Und jedes Ei hat eine Botschaft
für dich, du mein geliebter Freund.
Gefüllt mit Glaube, Liebe, Hoffnung...
auch wenn des HERREN Herze weint!

Es weint um die verlor`ne Menschheit,
um jeden, der sich abgewandt.
Mit einem Ei lässt er dich grüßen.
Er reicht dir liebevoll die Hand.

Pfingsten:

Ausgießung des Heiligen Geistes.
(zu lesen in der Apostelgeschichte 2, 1-18)

Gott lässt uns nicht allein.
Durch seinen Geist
will er uns immer nahe sein.
Drum dank ich ihm
in Christi Namen
für seine große Treue .

Amen

Für einen Schwerkranken

Einer ist bei dir, in der Nacht,
hat selber viel Leid durchgemacht.
Du gabst ihm hier dein Jawort schon,
des Vaters eingeborenem Sohn.

Und wenn der dünne Faden reißt,
bist du in seine Liebe geschweißt.
Ganz sanft wird ER dich heben,
in ein glückliches neues Leben.

Die schweren Gedanken, all die Qual,
die Vorwürfe, auch die falsche Moral,
die Lügen, die Sinnlosigkeit hier auf Erden,
werden dann nicht mehr angesehen werden.

Denn ER wusch schon längst alles von dir ab
und nahm es mit hinein in das Grab.
Für ihn ist das lange schon gestorben.
Du hast Kindsrecht im Himmel erworben.

Dennoch vertrauen

Eine kleine Verletzung die sich nicht schließt,
birgt eine Krankheit, die hartnäckig ist.
Sollen mich ängstigen Wunden an mir?
Ach, lieber Heiland, ich bringe sie dir.

Will mich nicht sorgen, dass Krebs mich frisst,
weil Heilung durch dich HERR, doch möglich ist.
Siehst du mich Vater, zweifeln und flehen,
so soll doch nicht mein, sondern dein Wille geschehen.

Fordert der Tod von mir irdisches Leben,
muss ich mich lösen und es ihm geben.
Meine Lieben im Diesseits befehl´ ich dir an,
weil ich für sie dann nicht sorgen kann.

Ich werde vom Glauben zum Schauen kommen,
von dir, meinem Erlöser gern aufgenommen.
Herr Jesus ich danke dir, dass du mich liebst
und ewige Heimat im Himmel dann gibst.

Das Dennoch steht für den Psalm 73,23-26,28 Lutherbibel

Tief innen verborgen

Sie sind wie ein Korken.
Wollen nicht unten bleiben.
Nach so unendlich langer Zeit.
Fünfzig Jahre; vierzig Jahre?

Tief innen verborgen
so lange Zeit.
Fetzen von Erinnerung!
Hände kribbeln, Scham!

Was ist Wahrheit?
Was ist Wahn?
Furcht steigt hoch.
Doch nur ein Traum?

Jesus ging voran

Jesus ging voran
auf seiner Lebensbahn.
Gab dem Jan ein Herz voll Liebe,
sprach, dass er stets bei ihm bliebe.
Und dass er allein
ihn erretten kann.

Nun, so danken wir
Jesus Christus dir.
Hast die Schuld von ihm genommen.
Er ist bei dir angekommen.
So gilt unser Lob,
deinem Kreuzestod.

Gnade ist´s allein,
es kann nicht anders sein.
Sei bei allen, die ihn kannten,
bei den Freunden, den Verwandten.
Du bist es, der uns liebt.
Ewiges Leben gibt.

Warum?

Warum darf ich Dich kennen,
mein Kind muss blind noch sein?
Ich darf Dich Vater nennen,
mein Kind ist noch allein.

Wenn Glaube allein Gnade ist,
dann kann ich nicht versteh´n,
mich führst Du hin zu Jesus Christ!
Mein Kind, das lässt Du geh´n!

Zu meinem Kind sei gnädig, Du!
Rühre es im Herzen an.
Geliebter Vater, lass es zu,
dass mein Kind glauben kann.

Warum passiert das mir?

So viel geht mir im Kopf herum.
Warum passiert das mir?
Ein Mann, den ich nicht lieben darf,
macht mir das Leben schwer.

Er selbst ist völlig ahnungslos....
ich kann es nicht verstehen.
Ich denke immerzu an ihn,
möcht´ ihn so gerne sehen.

Zur gleichen Zeit, schäme ich mich,
weiß nicht, wie ´s mir geschieht.
Ich habe doch schon einen Mann,
der mich aufrichtig liebt!

Mein Ehemann gehört zu mir.
Er soll nicht drunter leiden.
Mein Herz, so schmerzvoll es auch scheint,
wird sich für ihn entscheiden.

Die Versuchung greift nach mir,
und säuselt mir ins Ohr,
das dieser Andre besser ist.
Sie macht mir etwas vor!

Der Teufel sich ins Fäustchen lacht;
Es soll ihm nicht gelingen,
dass ich meinen Mann betrüg´! ----
Ich werd´ ihm von der Schippe springen.

Fern von dir

Ich wollte etwas Neues sehen,
raus aus dem Alltagstrott,
mal nicht die alten Wege gehen,
doch litt ich innre Not.

Das Heimweh, Heiland, packte mich!
Ich fühlte mich allein.
Wie eine Kohle einsam verglüht,
kann sie nicht beim Feuer sein.

Ich weiß ja, du verlässt mich nicht,
egal, wo ich auch bin.
Entfache das Feuer neu in mir,
dann spüre ich, du bist hier!

Vita

 Sabine Brauer wurde 1954 in Ostfriesland geboren,
wo sie ihr ganzes Leben verbrachte. Zum Schreiben
 kam sie nach einem seelischen Tief. In Gedichten und
 Texten kann sie sich ausleben. Sie sind ein Ventil, um Freud und Leid zu verarbeiten. Der Glaube ist ihr eine große Hilfe. Ein besonderes Anliegen, den Menschen ihre Liebe zu Jesus Christus nahezubringen, war der Grund, weshalb
sie dieses Buch schrieb. Darin enthalten sind viele Texte von zum Teil sehr persönlichen Gedichten, Andachten und Erlebnisberichten, die ausdrücken, wie Gott in frohen und schweren Stunden, begleitet, tröstet, trägt und dem Leben einen Sinn gibt.

Gemeinschaftsarbeiten aus dem Garten der Poesie.

Aktuell:

Julchen hör, die Vöglein singen

Die Mitglieder des Gartens der Poesie widmen diese Anthologie allen Kindern dieser Welt.
Kinder sind unsere Zukunft, dennoch müssen sie in vielen Teilen der Welt hungern, erfrieren, werden gedemütigt und fallen Kriegen zum Opfer.
Kinder sind unschuldige Opfer!
Die SOS Kinderdörfer versuchen seit Jahrzehnten, den Kindern eine Heimat zu geben.
Wir möchten sie unterstützen und spenden 0,50 € von jedem verkauften Buch dieser großartigen Organisation, den SOS Kinderdörfern.
Aus der Kinderbuchreihe des „Gartens der Poesie" erscheint in Kürze der zweite Band.

Das intern. Literatur und Künstlerforum Garten der Poesie ist ein Zusammenschluss von Künstlern unterschiedlichsten Genres.
Wortkünstler in Lyrik und Prosa, Maler, Fotokünstler und Grafiker finden sich zusammen, um ihre Werke einer Öffentlichkeit zu präsentieren, damit diese fantastische Gegenwartskultur die Anerkennung erhält, die sie verdient.
Wir freuen uns über jeden Gast und jedes Mitglied (Mitgliedschaft ist kostenlos)
www.garten-der-poesie.de

.